Paolo Flores d'Arcais
Joseph Ratzinger

GIBT ES GOTT?

Paolo Flores d'Arcais
Joseph Ratzinger

GIBT ES GOTT?
Wahrheit, Glaube, Atheismus

Aus dem Italienischen von Friederike Hausmann
Deutsche Erstausgabe

Verlag Klaus Wagenbach   Berlin

Der angezweifelte Wahrheitsanspruch. Die Krise des Christentums am Beginn des dritten Jahrtausends von Joseph Kardinal Ratzinger erschien in *Frankfurter Allgemeine Zeitung*, 8. Januar 2000, und wurde in einer erweiterten Fassung abgedruckt in *Weg und Weite. Festschrift für Karl Lehmann,* hg. von Albert Raffelt, Freiburg im Breisgau, Verlag Herder, 2. Auflage 2001, S. 631ff.

Gibt es Gott? (Dio esiste?) Das hier zum ersten Mal auf deutsch veröffentlichte Gespräch zwischen Joseph Kardinal Ratzinger und Paolo Flores d'Arcais fand am 21. Februar 2000 im Teatro Quirino in Rom statt und dauerte ungefähr zweieinhalb Stunden. Für 2000 Menschen, die im Theater nicht mehr Platz gefunden hatten, mußte ein Lautsprecher auf der Straße aufgestellt werden. Die vollständige Niederschrift der Debatte wurde in einem Sonderheft der Zeitschrift *MicroMega* veröffentlicht, sie ist die Grundlage dieser Übersetzung. Moderiert wurde die Diskussion von dem Journalisten und Autor Gad Lerner.

Eine Kirche ohne Wahrheit? (Ateismo e verità) von Paolo Flores d'Arcais erschien ebenfalls in der Zeitschrift *MicroMega* und wurde, genauso wie das Streitgespräch, von Friederike Hausmann übersetzt.

Wagenbachs Taschenbuch 531
Deutsche Erstausgabe
1. Auflage im Februar 2006

Mit freundlicher Genehmigung:
© 2000, 2005 Paolo Flores d'Arcais
© 2005 für *Der angezweifelte Wahrheitsanspruch*
Libreria Editrice Vaticana, 00120 Città del Vaticano
© 2006 für diese Ausgabe:
Verlag Klaus Wagenbach, Emser Straße 40/41, 10719 Berlin
Umschlaggestaltung: Julie August, Berlin unter Verwendung zweier Photos
© dpa-Report [Joseph Ratzinger und Paolo Flores d'Arcais]. Reihenkonzept: Rainer Groothuis. Das Karnickel auf Seite 1 zeichnete Horst Rudolph. Gesetzt aus der Berkeley. Vorsatzmaterial von Schabert, Strullendorf. Gedruckt und gebunden bei Pustet, Regensburg. Printed in Germany. Alle Rechte vorbehalten.

ISBN-13: 978 3 8031 2531 6
ISBN-10:   3 8031 2531 6

Inhalt

Joseph Kardinal Ratzinger

DER ANGEZWEIFELTE WAHRHEITSANSPRUCH

Die Krise des Christentums
am Beginn des dritten Jahrtausends

Am Beginn des dritten christlichen Jahrtausends befindet sich das Christentum gerade im Raum seiner ursprünglichen Ausdehnung, in Europa, in einer tiefgehenden Krise, die auf der Krise seines Wahrheitsanspruches beruht. Diese Krise hat eine doppelte Dimension: Zunächst stellt sich immer mehr die Frage, ob der Begriff Wahrheit sinnvollerweise überhaupt auf die Religion angewandt werden könne, mit anderen Worten, ob es dem Menschen gegeben ist, die eigentliche Wahrheit über Gott und die göttlichen Dinge zu erkennen. Das Christentum befindet sich für das heutige Denken keineswegs in einer positiveren Perspektive als die anderen Religionen – im Gegenteil: Mit seinem Wahrheitsanspruch scheint es besonders blind zu sein gegenüber der Grenze all unserer Erkenntnis des Göttlichen.

Diese ganz generelle Skepsis gegenüber dem Wahrheitsanspruch in Sachen Religion ist dann zusätzlich untermauert durch die Fragen, die die moderne Wissenschaft den Ursprüngen und Inhalten des Christlichen gegenüber aufgerichtet hat: Durch die Evolutionstheorie scheint die Schöpfungslehre überholt, durch die Erkenntnisse über den Ursprung des Menschen die Erbsündenlehre; die kritische Exegese relativiert die Gestalt Jesu und setzt Fragezeichen gegenüber seinem Sohnesbewußtsein; der Ursprung der Kirche in Jesus erscheint zweifelhaft und so fort. Die philosophische Grundlage des Christentums ist durch das »Ende der Metaphysik« problematisch geworden, seine historischen Grundlagen stehen infolge der modernen historischen Methoden im Zwielicht.

So liegt es auch von daher nahe, die christlichen Inhalte ins Symbolische zurückzunehmen, ihnen keine höhere Wahrheit zuzusprechen als den Mythen der Religionsgeschichte – sie als Weise der religiösen Erfahrung anzusehen, die sich demütig neben andere zu stellen hätte. In diesem Sinn kann man dann – wie es scheint – fortfahren, ein Christ zu bleiben; man bedient sich weiterhin der Ausdrucksformen des Christentums, deren Anspruch freilich von Grund auf verändert ist: Was als Wahrheit verpflichtende Kraft und verläßliche Verheißung für den Menschen gewesen war, wird nun zu einer kulturellen Ausdrucksform des allgemeinen religiösen Empfindens, die uns durch die Zufälle unserer europäischen Herkunft nahegelegt ist.

Weil es so steht, muß die altmodische Frage nach der Wahrheit des Christentums neu gestellt werden, so überflüssig und unbeantwortbar sie vielen erscheinen mag. Aber wie? Zweifellos wird die christliche Theologie die einzelnen Instanzen, die gegen den Wahrheitsanspruch des Christentums im Bereich der Philosophie, der Naturwissenschaften, der Geschichte aufgerichtet worden sind, sorgsam überprüfen, sich ihnen aussetzen müssen. Zum anderen aber muß sie auch versuchen, eine Gesamtvision der Frage nach dem wahren Wesen des Christentums, nach seiner Stellung in der Geschichte der Religionen und nach seinem Ort in der menschlichen Existenz zu gewinnen.

Wie hat das Christentum in seinen Ursprungszeiten seinen Anspruch im Kosmos der Religionen gesehen? Das Erstaunliche ist, daß Augustinus ohne jedes Zögern dem Christentum seinen Platz im Bereich der »physischen Theologie«, im Bereich der philosophischen Aufklärung zuweist. Er steht in vollkommener Kontinuität mit den frühesten Theologen des Christentums, den Apologeten des zweiten Jahrhunderts, ja mit der Ortsbestimmung des Christlichen durch Paulus im er-

sten Kapitel des Römerbriefs, die ihrerseits auf der alttesta-
mentlichen Weisheitstheologie beruht und über sie zurück-
reicht bis in die Verspottung der Götter in den Psalmen.

Das Christentum hat nach dieser Sicht seine Vorläufer und
seine innere Vorbereitung in der philosophischen Aufklärung,
nicht in den Religionen. Das Christentum beruht nach Augustinus und nach der für ihn maßgebenden biblischen Tradition
nicht auf mythischen Bildern und Ahnungen, deren Rechtfer-
tigung schließlich in ihrer politischen Nützlichkeit liegt, sondern es bezieht sich auf jenes Göttliche, das die vernünftige
Analyse der Wirklichkeit wahrnehmen kann. Anders gesagt:
Augustinus identifiziert den biblischen Monotheismus mit
den philosophischen Einsichten über den Grund der Welt,
die sich in verschiedenen Variationen in der antiken Philosophie herausgebildet haben. Dies ist gemeint, wenn das Christentum seit der Areopagrede des heiligen Paulus mit dem Anspruch auftritt, die *religio vera* zu sein. Der christliche Glaube
beruht also nicht auf Poesie und Politik, diesen beiden großen
Quellen der Religion; er beruht auf Erkenntnis. Er verehrt jenes Sein, das allem Existierenden zugrunde liegt, den »wirklichen Gott«. Im Christentum ist Aufklärung Religion geworden und nicht mehr ihr Gegenspieler.

Weil es so ist, weil das Christentum sich als Sieg der Ent-
mythologisierung, als Sieg der Erkenntnis und mit ihr der
Wahrheit verstand, deswegen mußte es sich als universal ansehen und zu allen Völkern gebracht werden; nicht als eine
spezifische Religion, die andere verdrängt, nicht aus einer Art
von religiösem Imperialismus heraus, sondern als Wahrheit,
die den Schein überflüssig macht. Und ebendeshalb muß es
in der weiträumigen Toleranz der Polytheismen als unverträg-
lich, ja als religionsfeindlich, als »Atheismus« erscheinen: Es
hielt sich nicht an die Relativität und Austauschbarkeit der
Bilder, es störte damit vor allem den politischen Nutzen der
Religionen und gefährdete so die Grundlagen des Staates, in
dem es nicht Religion unter Religionen, sondern Sieg der Einsicht über die Welt der Religionen sein wollte.

Andererseits hängt mit dieser Ortsbestimmung des Christlichen im Kosmos von Religion und Philosophie auch die Durchschlagskraft des Christentums zusammen. Schon vor dem Auftreten der christlichen Mission hatten gebildete Kreise der Antike in der Figur der »Gottesfürchtigen« den Anschluß an den jüdischen Glauben gesucht, der ihnen als religiöse Gestalt des philosophischen Monotheismus erschien und so zugleich den Forderungen der Vernunft wie dem religiösen Bedürfnis des Menschen entsprach, auf das die Philosophie allein nicht antworten konnte: Zu einem bloß gedachten Gott betet man nicht. Wenn aber der Gott, den das Denken findet, nun im Inneren einer Religion als sprechender und handelnder Gott begegnet, dann sind Denken und Glauben versöhnt.

Bei diesem Anschluß an die Synagoge blieb ein unbefriedigender Rest: Der Nichtjude konnte doch immer nur ein Außenstehender sein und nie ganz zugehörig werden. Diese Fessel war im Christentum durch die Gestalt Christi, wie Paulus sie auslegte, gesprengt. Nun erst war der religiöse Monotheismus des Judentums universal geworden und damit die Einheit von Denken und Glauben, die *religio vera*, allen zugänglich. Justin der Philosoph, Justin der Märtyrer (gestorben 167) kann als symptomatische Figur für diesen Zugang zum Christentum als *vera philosophia* gelten. Mit seiner Christwerdung hatte er seiner eigenen Überzeugung nach die Philosophie nicht abgelegt, sondern war erst ganz Philosoph geworden. Die Überzeugung, daß das Christentum Philosophie sei, die vollkommene, das heißt zur Wahrheit durchgestoßene Philosophie, blieb noch weit über die Väterzeit hinaus in Geltung. Sie ist im vierzehnten Jahrhundert in der byzantinischen Theologie bei Nikolaus Kabasilas noch ganz selbstverständlich gegenwärtig. Freilich war Philosophie dabei nicht als akademische Disziplin rein theoretischer Natur verstanden, sondern vor allem auch praktisch als die Kunst des rechten Lebens und Sterbens, die jedoch nur im Licht der Wahrheit gelingen kann.

Die Verschmelzung von Aufklärung und Glaube, die sich in der Entwicklung der christlichen Mission und im Aufbau der christlichen Theologie vollzog, brachte jedoch auch einschneidende Korrekturen am philosophischen Gottesbild hervor, deren vor allem zwei zu nennen sind. Die erste besteht darin, daß der Gott, dem die Christen glauben und den sie verehren, im Unterschied zu den mythischen und politischen Göttern wirklich *natura Deus* ist; darin liegt die Deckung mit der philosophischen Aufklärung. Aber gleichzeitig gilt nun: *Non tamen omnis natura est Deus* – nicht alles, was Natur ist, ist Gott. Gott ist seiner Natur nach Gott, aber nicht die Natur als solche ist Gott. Es geschieht eine Trennung zwischen der allumfassenden Natur und dem sie begründenden, ihr Ursprung gebenden Sein. So erst treten nun Physik und Metaphysik deutlich auseinander. Nur der wirkliche Gott, den wir denkend in der Natur erkennen können, wird angebetet. Aber er ist mehr als Natur. Er geht ihr voraus, und sie ist sein Geschöpf. Dieser Trennung von Natur und Gott tritt eine zweite, noch einschneidendere Erkenntnis zur Seite: Zu dem Gott, der Natur, Weltseele oder was auch immer war, hatte man nicht beten können; er war kein »religiöser Gott«, hatten wir festgestellt. Nun aber, so sagt schon der Glaube des Alten Testaments und erst recht der des Neuen Testaments, hat dieser Gott, der der Natur vorausgeht, sich den Menschen zugewandt. Eben weil er nicht bloß Natur ist, ist er kein schweigender Gott. Er ist in die Geschichte eingetreten, dem Menschen entgegengegangen, und so kann der Mensch nun ihm entgegengehen. Er kann sich Gott verbinden, weil Gott sich dem Menschen verbunden hat. Die beiden immer auseinanderfallenden Seiten der Religion, die ewig waltende Natur und die Heilsbedürftigkeit des leidenden und ringenden Menschen, sind ineinander verbunden.

Die Aufklärung kann Religion werden, weil der Gott der Aufklärung selbst in die Religion eingetreten ist. Das eigentlich Glauben heischende Element, das geschichtliche Reden Gottes, ist doch die Voraussetzung dafür, daß die Religion sich nun dem philosophischen Gott zuwenden kann, der kein bloß philosophischer Gott mehr ist und doch die Erkenntnis der Philosophie nicht abstößt, sondern aufnimmt. Hier zeigt sich etwas Erstaunliches: Die beiden scheinbar konträren Grundprinzipien bedingen sich gegenseitig und gehören zusammen; sie bilden zusammen die Apologie des Christentums als *religio vera*.

Der Sieg des Christentums über die heidnischen Religionen wurde nicht zuletzt durch den Anspruch seiner Vernünftigkeit ermöglicht. Ein zweites Motiv ist gleichbedeutend damit verbunden. Es besteht zunächst, ganz allgemein gesagt, im moralischen Ernst des Christentums, den freilich wiederum schon Paulus in Zusammenhang gebracht hatte mit der Vernünftigkeit des christlichen Glaubens: Das, was das Gesetz eigentlich meint, die vom christlichen Glauben ins Licht gestellten wesentlichen Forderungen des einen Gottes an das Leben des Menschen, deckt sich mit dem, was dem Menschen, jedem Menschen, ins Herz eingeschrieben ist, so daß er es als das Gute einsieht, wenn es vor ihn hintritt. Es deckt sich mit dem, was »von Natur gut ist« (Röm. 2,14 f.).

Die Anspielung auf die stoische Moral, auf ihre ethische Interpretation der Natur, ist hier ebenso offenkundig wie in anderen paulinischen Texten, etwa im Philipperbrief: »Was immer wahrhaft, edel, recht, was lauter, liebenswert, ansprechend ist, was Tugend heißt und lobenswert ist, darauf seid bedacht!« (4,8). Die grundsätzliche (wenngleich kritische) Einheit mit der philosophischen Aufklärung im Gottesbegriff bestätigt und konkretisiert sich nun in der gleichfalls kritischen Einheit mit der philosophischen Moral. Wie im Bereich des Religiösen das Christentum gerade dadurch die Grenzen philosophischer Schulweisheit überschritt, daß der gedachte Gott als lebendiger Gott begegnete, so gab es auch hier den Überschritt über die ethische Theorie zu gemeinschaftlich gelebter und konkretisierter moralischer Praxis, in der die philosophische Sicht vor allem durch die Konzentrierung aller Moral auf das Doppelgebot von Gottes- und Nächstenliebe überboten und in reales Handeln übersetzt wurde.

Das Christentum, könnten wir vereinfachend sagen, überzeugte durch die Verbindung des Glaubens mit der Vernunft und durch die Ausrichtung des Handelns auf die Caritas, auf die liebende Fürsorge für die Leidenden, Armen und Schwachen, über alle Standesgrenzen hinweg.

Die Kraft des Christentums, die es zur Weltreligion werden ließ, bestand in seiner Synthese von Vernunft, Glaube und Leben; genau diese Synthese ist in dem Wort von der *religio vera* zusammenfassend ausgedrückt. Um so mehr drängt sich die Frage auf: Warum überzeugt diese Synthese heute nicht mehr? Warum gelten heute im Gegenteil Aufklärung und Christentum als einander widersprechend, ja ausschließend? Was hat sich an der Aufklärung, was am Christentum geändert, daß es so ist?

Damals hatte der Neuplatonismus, besonders Porphyrius, der christlichen Synthese eine andere Interpretation des Verhältnisses von Philosophie und Religion entgegengestellt, die sich als philosophische Neubegründung der Religion der Götter verstand. Aber heute scheint sich gerade wieder diese andere Form, Religion und Aufklärung in Ausgleich zu bringen, als die dem modernen Bewußtsein angemessenere Weise von Religiosität durchzusetzen. Ihr erster Grundgedanke ist bei Porphyrius so formuliert: *Latet omne verum* – die Wahrheit ist verborgen. Ein Gedanke, in dem sich Buddhismus und Neuplatonismus begegnen. Demgemäß gibt es über die Wahrheit, über Gott nur Meinungen, keine Gewißheit. In der Krise Roms im späten vierten Jahrhundert hat der Senator Symmachus die neuplatonische Auffassung auf einfache und pragmatische Formeln gebracht, die wir in seiner 384 vor Kaiser Valentinian II. gehaltenen Rede zur Verteidigung des Heidentums und für die Wiederaufstellung der Göttin Victoria im römischen Senat finden können. Ich zitiere nur den entscheidenden und berühmt gewordenen Satz: »Das Gleiche ist es, was alle verehren, eines, das wir denken, dieselben Sterne schauen wir, der Himmel über uns ist eins, dieselbe Welt umfängt uns; was macht es aus, auf welche Art von Klugheit der einzelne die Wahrheit sucht? Man kann nicht auf einem einzigen Weg zu einem so großen Geheimnis gelangen.«

Genau dies sagt heute die Aufklärung: Die Wahrheit als solche kennen wir nicht; in unterschiedlichen Bildern meinen wir doch dasselbe. Ein so großes Geheimnis, das Göttliche, kann nicht auf eine Gestalt festgelegt werden, die alle anderen ausschlösse – auf einen Weg, der alle verpflichtete. Der Wege sind viele, der Bilder viele, alle spiegeln etwas vom Ganzen, und keines ist selbst das Ganze. Dem gehört das Ethos der Toleranz zu, das in jedem ein Stück Wahrheit erkennt, das Eigene nicht höherstellt als das Fremde und sich friedvoll in die vielgestaltige Symphonie des ewig Unzulänglichen einfügt, das sich in Symbolen verhüllt, die doch unsere einzige Möglichkeit zu sein scheinen, irgendwie nach dem Göttlichen zu greifen.

Ist demnach der Anspruch des Christentums, *religio vera* zu sein, durch den Fortgang der Aufklärung überholt? Muß es von seinem Anspruch heruntersteigen und sich in die neuplatonische oder buddhistische oder hinduistische Sicht von Wahrheit und Symbol einfügen, sich – wie Troeltsch es vorgeschlagen hatte – damit bescheiden, die den Europäern zugewandte Seite des Antlitzes Gottes zu zeigen? Muß es vielleicht sogar einen Schritt weitergehen als Troeltsch, der noch meinte, das Christentum sei die für Europa angemessene Religion, während doch heute gerade Europa an dieser Angemessenheit zweifelt? Dies ist die eigentliche Frage, der sich heute Kirche und Theologie zu stellen haben.

Alle Krisen im Inneren des Christentums, die wir gegenwärtig beobachten, beruhen nur ganz sekundär auf institutionellen Problemen. Die Probleme der Institutionen wie der Personen in der Kirche rühren letztlich von der gewaltigen Wucht dieser Frage her. Dies ist die grundsätzliche Herausforderung am Beginn des dritten christlichen Jahrtausends. Die Frage kann nicht rein theoretisch beantwortet werden, wie denn Religion als das Letztverhalten des Menschen nie nur Theorie ist. Sie verlangt jenes Zusammenspiel von Einsicht und Tun, das die Überzeugungskraft des Christentums der Väter begründete.

Dies bedeutet beileibe nicht, daß man sich dem intellek-

14

tuellen Anspruch des Problems mit dem Verweis auf den notwendigen Praxisbezug entziehen dürfte. Ich versuche zum Schluß nur einen Ausblick, der die Richtung zeigen könnte. Wir hatten gesehen, daß die ursprüngliche, freilich nie ganz unbestrittene Beziehungseinheit zwischen Aufklärung und Glaube, die schließlich bei Thomas von Aquin auf eine systematische Form gebracht worden war, weniger durch die Entwicklung des Glaubens als vielmehr durch die neuen Schritte der Aufklärung zerrissen worden ist. Als Stationen dieses Auseinandertretens könnte man Descartes, Spinoza, Kant nennen. Der Versuch einer umfassenden neuen Synthese bei Hegel gibt nicht dem Glauben seinen philosophischen Ort zurück, sondern versucht, ihn ganz in Vernunft umzusetzen und als Glauben aufzuheben. Dieser Absolutheit des Geistes stellt Marx die Einzigkeit der Materie entgegen; Philosophie soll nun ganz auf exakte Wissenschaft zurückgeführt werden. Nur noch exakte wissenschaftliche Erkenntnis ist überhaupt Erkenntnis. Der Gedanke an das Göttliche hat damit abgedankt. Die Ankündigung von Auguste Comte, eines Tages werde es eine Physik des Menschen geben und die bisher der Metaphysik überlassenen großen Fragen würden in Zukunft genauso »positiv« zu behandeln sein wie alles, was jetzt schon positive Wissenschaft ist, hat in unserem Jahrhundert in den Humanwissenschaften ein beeindruckendes Echo hinterlassen.

Die durch das christliche Denken vollzogene Trennung von Physik und Metaphysik wird immer mehr zurückgenommen. Alles soll wieder »Physik« werden. Immer mehr hat sich die Evolutionstheorie als der Weg herauskristallisiert, um Metapyhsik endlich verschwinden, die »Hypothese Gott« (Laplace) überflüssig werden zu lassen und eine streng »wissenschaftliche« Erklärung der Welt zu formulieren. Eine umfassend das Ganze alles Wirklichen erklärende Evolutionstheorie ist zu einer Art »erster Philosophie« geworden, die sozusagen die eigentliche Grundlage für das aufgeklärte Verständnis der Welt darstellt. Jeder Versuch, andere als die in einer solchen »positiven« Theorie erarbeiteten Ursachen ins Spiel zu bringen, jeder Versuch von »Metaphysik« muß als Rückfall hinter die Aufklärung, als Ausstieg aus dem Universalanspruch der Wissenschaft erscheinen. Damit muß der christliche Gottesgedanke als unwissenschaftlich gelten. Ihm entspricht keine *theologia physica* mehr: die einzige *theologia naturalis* ist in solcher Sicht die Evolutionslehre, und die kennt eben keinen Gott, weder einen Schöpfer im Sinne des Christentums (des Judentums und des Islams) noch eine Weltseele oder innere Triebkraft im Sinne der Stoa. Allenfalls könnte man im Sinne des Buddhismus diese ganze Welt als Schein und das Nichts als das eigentlich Wirkliche betrachten und in diesem Sinne mystische Religionsformen rechtfertigen, die wenigstens mit der Aufklärung nicht direkt konkurrieren.

Ist damit das letzte Wort gesprochen, sind Vernunft und Christentum demnach definitiv voneinander getrennt? Jedenfalls führt an dem Disput über die Reichweite der Evolutionslehre als erster Philosophie und über die Ausschließlichkeit positiver Methode als einziger Weise von Wissenschaft und von Rationalität kein Weg vorbei. Dieser Disput muß daher von beiden Seiten sachlich und hörbereit in Angriff genommen werden, was bisher nur in geringem Maß geschehen ist. Niemand wird die wissenschaftlichen Beweise für die mikroevolutiven Prozesse ernstlich in Zweifel ziehen können. Nicht darauf, ja auch nicht auf die Problematik der Makroevolution, bezieht sich daher die Frage, die ein Gläubiger der modernen Vernunft gegenüberstellen wird, sondern auf die Ausdehnung zu einer *philosophia universalis,* die zur Gesamterklärung des Wirklichen werden will und keine andere Ebene des Denkens mehr übriglassen möchte.

Letzten Endes geht es um die Frage, ob die Vernunft beziehungsweise das Vernünftige am Anfang aller Dinge und auf ihrem Grunde steht oder nicht. Es geht um die Frage, ob das Wirkliche auf Grund von Zufall und Notwendigkeit, also aus dem Vernunftlosen entstanden ist, ob mithin die Vernunft ein zufälliges Nebenprodukt des Unvernünftigen und im Ozean des Unvernünftigen letztlich auch bedeutungslos ist oder ob wahr bleibt, was die Grundüberzeugung des christlichen Glaubens und seiner Philosophie bildet: *In principio erat verbum* – am Anfang aller Dinge steht die schöpferische Kraft der Vernunft. Der christliche Glaube ist heute wie damals die Option für die Priorität der Vernunft und des Vernünftigen. Diese Letztfrage kann nicht mehr durch naturwissenschaftliche Argumente entschieden werden, und auch das philosophische Denken stößt hier an seine Grenzen. In diesem Sinne gibt es eine letzte Beweisbarkeit der christlichen Grundoption nicht. Aber kann die Vernunft auf die Priorität des Vernünftigen vor dem Unvernünftigen, auf die Uranfänglichkeit des Logos verzichten, ohne sich selbst aufzuheben? Die Vernunft kann gar nicht anders, als auch das Unvernünftige nach ihrem Maß, also vernünftig zu denken, womit sie implizit doch wieder den eben geleugneten Primat der Vernunft aufrichtet. Durch seine Option für den Primat der Vernunft bleibt das Christentum auch heute »Aufklärung«.

Wir hatten vorhin gesehen, daß in der Konzeption der frühen Christenheit die Begriffe von Natur, Mensch, Gott, Ethos und Religion unlösbar ineinander verknotet waren und daß zur Einsichtigkeit des Christentums in der Krise der Götter und in der Krise der antiken Aufklärung gerade diese Verknüpfung beigetragen hatte. Die Orientierung der Religion an einer vernünftigen Sicht der Wirklichkeit überhaupt, das Ethos als Teil dieser Vision und seine konkrete Anwendung unter dem Primat der Liebe verbanden sich miteinander. Primat des Logos und Primat der Liebe erwiesen sich als identisch. Der Logos erschien nicht nur als mathematische Vernunft auf dem Grund aller Dinge, sondern als schöpferische Liebe bis zu dem Punkt hin, daß er Mit-Leiden mit dem Geschöpf wird. Der kosmische Aspekt der Religion, die den Schöpfer in der Macht des Seins verehrt, und ihr existentieller Aspekt, die Erlösungsfrage, traten ineinander und wurden ein einziges. Tatsächlich muß jede Erklärung des Wirklichen ungenügend bleiben, die nicht auch ein Ethos sinnvoll und einsichtig begründen kann.

Nun hat in der Tat die Evolutionstheorie, wo sie sich zur

philosophia universalis auszuweiten anschickt, auch das Ethos evolutionär neu zu begründen versucht. Aber dieses evolutionäre Ethos, das seinen Schlüsselbegriff unausweichlich im Modell der Selektion, also im Kampf ums Überleben, im Sieg des Stärkeren, in der erfolgreichen Anpassung findet, hat wenig Tröstliches zu bieten. Auch wo man es auf mancherlei Weise zu verschönern strebt, bleibt es letztlich ein grausames Ethos. Das Bemühen, aus dem an sich Vernunftlosen das Vernünftige zu destillieren, scheitert hier recht augenfällig. Zu einer Ethik des universalen Friedens, der praktischen Nächstenliebe und der nötigen Überwindung des Eigenen, die wir brauchen, ist dies alles wenig tauglich.

Der Versuch, in dieser Krise der Menschheit dem Begriff des Christentums als *religio vera* wieder einen einsichtigen Sinn zu geben, muß sozusagen auf rechtes Handeln (Orthopraxie) und rechten Glauben (Orthodoxie) gleichermaßen setzen. Sein Inhalt wird heute – letztlich wie damals – im Tiefsten darin bestehen müssen, daß Liebe und Vernunft als die eigentlichen Grundpfeiler des Wirklichen zusammenfallen: Die wahre Vernunft ist die Liebe, und die Liebe ist die wahre Vernunft. In ihrer Einheit sind sie der wahre Grund und das Ziel alles Wirklichen.

Gespräch zwischen *Joseph Kardinal Ratzinger* und
Paolo Flores d'Arcais

GIBT ES GOTT?

Gad Lerner: Dieses Gespräch findet zwischen einem
Christen und einem Atheisten statt, es wird – vielleicht nicht
nur aus Zufall – von einem Juden moderiert. Es ähnelt in der
radikalen Direktheit seiner Fragestellung vielleicht eher
mittelalterlichen Disputen als unseren mehr oder weniger
oberflächlichen Fernsehdebatten.

Natürlich wirkt es verstörend, die Frage »Gibt es Gott?« so
öffentlich und direkt zu stellen, aber genau das ist unser Ausgangspunkt – Christ gegen Atheist. Auf der einen Seite Ihre
Eminenz Joseph Ratzinger, im Jahr 2000 Vorsitzender der
Glaubenskongregation der katholischen Kirche, auf der anderen der Philosoph und Herausgeber der Zeitschrift *MicroMega*
Paolo Flores d'Arcais. Diese Definitionen werden, so glaube
ich, von Ihnen beiden akzeptiert, während ich nicht weiß, ob
es ausreichen würde, von »gläubig« und »ungläubig« zu sprechen. Zugleich aber klingt hier der Zweifel an, ob nicht nur in
der Gesellschaft, sondern auch bei Ihnen selbst die Grenzen
wirklich so klar und eindeutig zu ziehen sind zwischen dem,
der glaubt, und dem, der nicht glaubt. Können wir ganz sicher
sein, daß es zwischen den beiden Gesprächspartnern nicht
auch Gemeinsamkeiten gibt? Das wollen wir gleich von Ihnen
selbst hören.

Mir bleibt nur, Sie daran zu erinnern, daß diese Diskussion
auf dem zweiten Heft von *MicroMega* im Jahr 2000 basiert,

das auf großes Interesse gestoßen ist und mit dem letzten Nachdruck eine Auflage von fast 100.000 Exemplaren erreicht hat. Nicht zuletzt diese Tatsache deutet sicher darauf hin, daß ein Bedürfnis nach Dialog zwischen Gläubigen und Ungläubigen, zwischen Christen und Atheisten besteht.

Zwischen den Gesprächspartnern, an die ich gleich das Wort übergeben werde, läßt sich jedenfalls schon jetzt eine Gemeinsamkeit festhalten, die in der Intransigenz ihrer Positionen spiegelbildlich aufscheint und sie vielleicht sogar verbindet. Beide lehnen eine billige Religiosität ab, einen Gott, den sich jeder nach seinen eigenen Bedürfnissen zurechtschneidert, wie er seinem Leib und seiner Seele zupaß kommt, ohne Rücksicht auf den anderen und die Transzendenz, das heißt, ohne das Problem der Wahrheit in seiner ganzen Tiefe ernst zu nehmen.

Diese Art des Glaubens ist bekanntlich weit verbreitet und wird in unserer Wohlstandsgesellschaft meist als New Age etikettiert oder als eine Art Buddhismus ausgegeben. Der Relativismus, der diese Haltung charakterisiert, wird von meinen beiden Gesprächspartnern in den Texten, die sie veröffentlicht haben, scharf kritisiert und dem Problem der absoluten Wahrheit gegenübergestellt. Gerade deshalb möchte ich fragen, wie von so weit auseinanderliegenden Standpunkten ausgehend, das Bedürfnis nach Dialog entsteht, wodurch es ausgelöst wird.

Diese Frage möchte ich vor allem an Ihre Eminenz, Kardinal Ratzinger, stellen.

Joseph Ratzinger: Das Bedürfnis nach Dialog entsteht aus der Tatsache, daß wir Christen davon überzeugt sind, der Welt und den anderen Menschen etwas zu sagen zu haben, daß die Frage, ob es einen Gott gibt, kein privates Problem ist, das nur uns etwas angeht, die wir seine Interessen vertreten und sein Spiel spielen. Wir denken dagegen, daß der Mensch Gott kennenlernen muß, daß in Jesus die Wahrheit erschienen ist und daß die Wahrheit nicht irgend jemandes Privatangelegenheit ist, sondern geteilt und erkannt werden muß. Deshalb ist es – davon sind wir überzeugt – gerade in diesem geschichtlichen Augenblick, in der gegenwärtigen Krise des christlichen Glau-

20

bens, der Krise auch der großen Kulturen wichtig, daß wir nicht nur innerhalb unserer Gewißheiten und unserer Identitäten leben, sondern uns den Fragen der anderen wirklich stellen. Mit dieser Bereitschaft und dieser Offenheit versuchen wir im gegenseitigen Austausch verständlich zu machen, was uns für den Menschen vernünftig, genauer gesagt, notwendig erscheint.

Gad Lerner: Paolo Flores d'Arcais, vernünftig und notwendig für den Menschen ist Gott, ist der Glaube nach den Worten von Kardinal Ratzinger. Auch in dem Aufsatz »Der angezweifelte Wahrheitsanspruch« pocht er, wenn ich es so nennen kann, auf die Rationalität des Christentums.

Paolo Flores d'Arcais: In einer Auseinandersetzung wie der unsrigen herrscht eine starke Asymmetrie, denn der Gläubige hat ein Interesse daran, den Ungläubigen zu bekehren (ein Interesse natürlich im allerpositivsten Sinne des Wortes). Der Atheist dagegen ist überhaupt nicht daran interessiert, den Gläubigen von der Inexistenz Gottes zu überzeugen, er hat keinerlei Interesse daran, jemanden von seinem Glauben abzubringen. Warum interessiert sich dann auch ein Atheist zutiefst für den Glauben und vor allem für die Art des Glaubens, die jemand praktiziert? Weil Atheist sein – ein Wort, das von einigen für geschmacklos gehalten wird, aber warum soll man nicht einfach sagen, was man ist? – Atheist sein bedeutet einfach, der Meinung sein, daß sich alles hier und jetzt, in unserer begrenzten und unsicheren Existenz abspielt. Deshalb zählen die Werte, die man in dieser Existenz wählt, die Kohärenz zwischen den gewählten Werten und dem eigenen Verhalten. Und gerade weil alles sich nur hier abspielt, im Rahmen dieser unserer Existenz, entstehen auf dieser Basis Bündnisse, Solidarität, Konflikte und Auseinandersetzungen.

Unter dem Gesichtspunkt der Werte, die man wählt, und vor allem unter dem Gesichtspunkt der Möglichkeit eines auf Toleranz, das heißt auf gegenseitigem Respekt gegründeten Zusammenlebens ist die Art des Glaubens, dem einer anhängt, keineswegs gleichgültig. Wenn es der Glaube eines Christen der ersten Generationen ist, der sich in einem Satz ausdrücken läßt, von dem man nicht genau weiß, wer ihn formuliert hat – auch wenn er Tertullian zugeschrieben wird, doch das gemeinsame Gedankengut der ersten Generationen von Christen enthält und auch ganz unzweideutig bei Paulus vorkommt, nämlich »Credo quia absurdum«, das heißt, der Glaube ist ein Ärgernis für die Vernunft … wenn der Glaube das ist, dann gibt es keinen Konflikt mit dem Gläubigen, denn ein Glaube dieser Art will sich nicht aufzwingen, sondern will nur respektiert sein.

Wenn der katholische Glaube dagegen beansprucht, die Zusammenfassung und Vollendung der Vernunft zu sein, die Zusammenfassung und Vollendung dessen, was den Menschen ausmacht, die *summa* von Vernunft und Menschsein, dann ist leicht zu verstehen, daß dieser Anspruch die Gefahr in sich birgt, sich aufzwingen zu wollen, auch mit dem säkularen Arm des Staates. Denn wer mit den Geboten des Glaubens und vor allem mit den moralischen Konsequenzen dieses Glaubens in Konflikt gerät, geriete dann auch in Konflikt mit der Vernunft und dem Wesen des Menschen.

Gad Lerner: Entschuldigen Sie, Flores, vielleicht greifen wir vor, wenn wir jetzt schon vom säkularen Arm des Staates sprechen. Sie haben eine meiner Ansicht nach entscheidende Frage gestellt: Warum – so fragen Sie – verzichtet ihr Gläubigen, ihr Christen nicht einfach auf den weltlichen Nachweis der Wahrheit, warum verlangt ihr, daß das, was offensichtlich absurd ist, im Gewande der Vernunft erscheint? Wenn ihr euch mit der Absurdität des Glaubens begnügen würdet – und das bezieht sich auch auf das frühe Christentum, wobei ich nicht weiß, ob Kardinal Ratzinger mit dieser Interpretation einverstanden sein oder dagegen protestieren wird –, dann wären wir zufrieden, dann ließen wir euch euren Glauben, denn ihr seid freie Menschen, und wir wären zufrieden damit, weil festgehalten bleibt, daß der Glaube absurd ist.

Joseph Ratzinger: Tatsächlich bin ich davon überzeugt, daß die frühen Christen ihren Glauben nicht als Absurdum verstanden haben. Es stimmt, daß Paulus den Glauben ein »Ärgernis« (1. Kor. 1,23) nennt, und dieses Ärgernis besteht bis heute, aber gleichzeitig predigt Paulus auf dem Areopag, dem Mittelpunkt der antiken Kultur, der antiken Philosophie, und setzt sich mit den Philosophen, die er auch zitiert, auseinander. Und ganz allgemein wandte sich die christliche Predigt an die sogenannten *phoboumenoi theōn* (die Gottesfürchtigen), an diejenigen also, die sich in den Synagogen versammelten. Das Judentum hatte eine sehr wichtige Funktion und eine sehr wichtige Position in der Welt der Spätantike, da der Glaube an einen einzigen Schöpfergott als die Religion der Vernunft erschien, nach der man im Augenblick der Krise der antiken Götterwelt suchte. Dieser Glaube bot sich deshalb als wahr und authentisch an, nicht als eine Erfindung der Philosophen, sondern durch das Licht Gottes aus dem Herzen des Menschen geboren und gleichzeitig mit den rationalen Überzeugungen der damaligen Zeit vollkommen übereinstimmend. Menschen dieser Zeit, die wir als »aufgeklärt« bezeichnen können, waren auf der Suche nach Gott, weil sie mit den offiziellen Religionen nicht mehr zufrieden waren, aber sie suchten nicht nur ein philosophisches Konstrukt, sondern eine authentische Religion, die jedoch mit der Vernunft in Einklang stehen sollte. Diese Kreise, die dem Judentum nahestanden, waren die Welt, an die sich Paulus mit seinen Predigten wandte. Ihm ging es darum, seinen Glauben von einem einzigen Gott zu vermitteln, der zu Abraham und im Alten Testament gesprochen hat, der sich durch Jesus offenbart und den Menschen zugänglich gemacht wurde. Paulus war sich dessen wohlbewußt, daß er zwar für den Areopag ein Ärgernis darstellte – und auch wir sind uns dessen bewußt, daß die Verkündigung der Auferstehung ein Ärgernis bleibt. Aber der Apostel war davon überzeugt, daß er nichts Absurdes verkündete, nichts, was nur wenige zufriedenstellen konnte, sondern etwas, das eine Botschaft enthielt, die sich an die Vernunft der Menschen wandte und ihnen zurief: wir alle suchen – in diesem Augenblick der Krise – nach Gott, wir suchen nach einem

Glauben, der nicht erfunden, sondern authentisch ist und doch zugleich unserer Vernunft nicht widerspricht.

Und Petrus sagt in seinem ersten Brief ausdrücklich: »Seid stets bereit, jedem Rede und Antwort zu stehen, der nach der Hoffnung fragt, die euch erfüllt« (1. Petr. 3,15). Der griechische Ausdruck für »Rede und Antwort stehen« heißt *apologein*, es geht also um den Logos des Glaubens. Die Christen müssen bereit sein, diesen Logos darzulegen, das heißt, den tiefen rationalen Sinn ihres Glaubens.

Natürlich darf man dies alles – und in diesem Sinne bin ich mit Professor Flores d'Arcais einverstanden – niemandem aufzwingen. Man muß vielmehr an das Bewußtsein und die Vernunft appellieren, die einzige Instanz, die entscheiden darf. Es ist eine Sünde zu denken: Wenn die Vernunft nicht bereit ist, müssen wir ihr mit der Macht des Staates »nachhelfen«. Das ist ein großer Fehler. Man darf sich nicht mit Gewalt durchsetzen – das ist eine große Sünde und ein Fehler –, sondern mit der Gewißheit der Vernunft des Herzens.

Paolo Flores d'Arcais: Natürlich, das Christentum kann sich in einem Umfeld der Krise der traditionellen Religionen durchsetzen, und in einer – durch unzählige Philosophenschulen geprägten – Atmosphäre, die auf eine neue Form der Religion, des Glaubens an einen einzigen Gott vorbereitet war. Dennoch scheint mir die Lektüre der frühchristlichen Schriften zu zeigen, daß für die ersten Christen nicht die Vernunft, sondern der Glaube ihre Überzeugungen bestimmt, der zu dem, was den Menschen der Zeit als Vernunft erschien, in grundsätzlichem Widerspruch stand.

Paulus gebraucht einen Ausdruck, der meiner Meinung nach ganz wörtlich zu verstehen ist, wenn er von der »Torheit« (1. Kor. 1, 18) des Wortes vom Kreuz spricht, und das unterscheidet das Christentum von Platon oder von vielen anderen Philosophenschulen einschließlich Epikur. Denn auch Epikur glaubte an einen Gott, aber an einen Gott, der dem Schicksal der Menschen vollkommen gleichgültig gegenübersteht. Was das Christentum charakterisiert und was Paulus immer wieder betont, ist nicht einfach der Glauben an einen einzigen Gott, sondern an den gekreuzigten und wiederauferstandenen Jesus Christus.

Die Auferstehung ist der wesentliche Schlüssel und das Spezifikum der christlichen Religion. Bei seiner berühmten Diskussion mit den Philosophen auf dem Areopag (Apg. 17, 22 f.) war – wie die Apostelgeschichte erzählt – ein Gespräch so lange möglich, solange es um Gott, um einen einzigen Gott ging. Sobald es aber um die Auferstehung der Toten, aller Toten ging, hatten die Philosophen kein Interesse mehr, nicht weil sie empört oder ungläubig waren, sondern einfach, weil sie sich langweilten. Denn das war für die Vernunft bloße Torheit.

Wenn wir also das Christentum nicht auf eine der vielen philosophisch begründeten Religionen der Zeit reduzieren wollen, ist sein wesentliches Element gerade diese »Torheit« für die Vernunft, die Torheit des Kreuzes, der Auferstehung, das Beharren auf der »Auferstehung der Toten«, der leiblichen Auferstehung. All dies bedeutet meiner Meinung nach, den Glauben als ein Recht anzuerkennen. Doch es steht im Widerspruch zur Vernunft.

Gad Lerner: Zum Glauben möchte ich Ihnen eine gezielte Frage stellen, aber vielleicht will Kardinal Ratzinger Ihnen auf diese Bemerkung antworten ... Die Auferstehung, die Torheit der Auferstehung als zentrales Element des christlichen Glaubens.

Joseph Ratzinger: Ja. Also zum einen ist der heilige Paulus davon überzeugt, daß der christliche Glaube an die Vernunft appelliert, aber er ist auch davon überzeugt, daß er über die für die Vernunft einsichtigen Dinge hinausgeht, weil es, so verstehe ich Paulus, um die Liebe geht, die Liebe, die der Vernunft nicht widerspricht, aber weit über diese hinausgeht.

Und dieser Gott ist Logos, wie dann der heilige Johannes sagt, und das ist die schöpferische Vernunft und das Wort, denn Logos ist nicht einfach Vernunft, sondern eine Vernunft, die spricht, das heißt sich in Beziehung setzt. Damit stehen wir bereits vor einer Neufassung des Begriffs der Vernunft, die über die reine Mathematik, die reine Geometrie des Seins hinausgeht – und doch Logos ist, und auch wenn sie spricht und über die reine Mathematik hinausgeht, doch Logos, also rational bleibt. Doch damit kündigt sich an, daß dieser Logos Liebe ist – und diese Liebe bewirkt tatsächlich törichte Dinge. Denn es erscheint absurd, daß ein Gott aus seinem Zustand ewiger Glückseligkeit sich um diese winzige Kreatur, die der Mensch ist, in dieser Welt bis zum Tode kümmert und bemüht.

All dies steht tatsächlich im Widerspruch zu einem rein philosophischen Gottesbegriff, und Paulus ist sich dieses Widerspruchs bewußt, will uns aber klarmachen, daß die höchste Freiheit und Größe der Vernunft letztlich in der Liebe besteht, das heißt darin, daß sie die Grenzen dessen überschreitet, was unsere philosophische Spekulation für das Göttliche bestimmen kann.

Und noch ein Wort: Es erscheint mir als entscheidend, daß das Christentum in den ersten zwei, drei, vier Jahrhunderten seiner Existenz zwar eine Beziehung zu seiner kulturellen Umgebung gesucht, nie aber eine Verbindung zu den Religionen hergestellt und sich nie in Beziehung zu diesen Religionen gesehen, sondern gesagt hat: Unsere Religion ist die Fortsetzung und die Vollendung der zeitgenössischen Philosophien und weist zugleich über deren Grenzen hinaus. Die frühen Christen sahen in der Philosophie eine Vorform des Christentums, vor dem Erscheinen Christi.

Und deshalb war das Selbstverständnis der ersten Generationen genau dies: Wir sind nicht eine Religion wie andere auch und haben gleiches Recht wie die anderen, sondern wir sind die Fortsetzung des menschlichen Denkens, das die Religionen kritisiert hat, des Denkens, das schon einen Weg zu Gott gefunden hat, ihn aber aus eigener Kraft allein nicht wirklich erkennen konnte. Das Neue am Christentum ist nach diesen Kirchenvätern die Tatsache, daß dieser verborgene, erahnte Gott sich dann offenbart und natürlich über das, was man über ihn »wissen« konnte, radikal hinausgeht, obwohl er in Übereinstimmung mit dem menschlichen Forschen steht.

Gad Lerner: An diesem Punkt wäre man natürlich versucht, der Frage nachzugehen, warum das Christentum zu einer Weltreligion geworden ist. Es ist bekanntermaßen nicht die einzige, denn als Weltreligion hat sich später auch der Islam etabliert, aber dies läßt sich historisch oder als göttliche Vorsehung interpretieren. Darauf will ich aber lieber später zurückkommen, denn zuerst möchte ich eine Frage stellen. Es gibt eine Frage, die für unser Thema entscheidend ist. Wenn es um den Glauben geht, kann sich Paolo Flores d'Arcais der grundsätzlichen Frage doch nicht entziehen, ob der Mensch ohne Glauben leben kann. Genauer gesagt möchte ich hier die Argumente vorbringen, die der Theologe Enzo Bianchi dargelegt hat. Bianchi spricht vom Glauben als einem anthropologischen Faktor, als Wesensmerkmal des menschlichen Seins. Man kann sicher ohne religiösen Glauben leben, nicht aber, ohne sich irgendeiner Form des Glaubens anzuvertrauen. Gerade weil ich Paolo Flores d'Arcais seit vielen Jahren kenne, bin ich davon überzeugt, daß auch er auf seine Weise ein Mann des Glaubens ist. Wollen wir uns mit dieser Frage auseinandersetzen?

Paolo Flores d'Arcais: Gern. Zuerst aber möchte ich zwei Sätze zu den letzten Überlegungen von Kardinal Ratzinger anmerken.

Der heilige Paulus erhebt an mehreren Stellen den Anspruch, daß die Vernunft zu Gott führen kann, und darin bestand unzweifelhaft auch seine Auseinandersetzung mit den Philosophen. Er behauptet dagegen nie, daß das, was das Christentum auszeichnet, nämlich der Glaube an den auferstandenen Christus, mit Vernunftgründen bewiesen werden kann. Wenn es nicht so wäre, wäre der Glaube ja auch kein Geschenk und der Glaube wäre jedem vernünftigen Menschen zugänglich.

Der Anspruch, das Christentum sei die Vollendung, und nicht der Gegensatz, der großen Philosophenschulen der damaligen Zeit – die wir heute als die ersten Jahrhunderte des Christentums bezeichnen –, setzt sich erst mit dem heiligen

Augustinus durch, und Augustinus prägt die spätere christliche Tradition. Mit Augustinus haben wir aber die ersten Christen schon um viele Generationen hinter uns gelassen, und er bricht leider auch – tragischerweise – als erste große Persönlichkeit des Christentums mit einer scheinbar gefestigten Tradition. Denn am Ende seines Lebens hielt er es im Gegensatz zu seinen früheren Überzeugungen für notwendig und wünschenswert, mit, wie er sagt, der Strenge der säkularen Gewalt der Einhaltung des Glaubens und der Bekehrung zum Christentum »nachzuhelfen«. Damit leitete Augustinus ein dramatisches Kapitel der Menschheitsgeschichte ein.

Um die Frage von Gad Lerner, ob man ohne Glauben leben kann, zu beantworten, muß man sich über die Definition des Begriffs verständigen. Wenn man unter Glauben nur irgendeine tiefere existentielle Leidenschaft für bestimmte Werte versteht, die der eigenen Existenz und der Beziehung zu den Mitmenschen einen Sinn geben, dann kann man nicht ohne »Glauben« leben. Das aber wäre in unserem Zusammenhang eine unzulässige Verallgemeinerung.

Wenn man als Glauben dagegen eine religiöse Überzeugung versteht, dann antworte ich ruhig: Ja, man kann ohne Glauben leben, man braucht keineswegs einen Glauben, um der eigenen Existenz einen Sinn zu geben, sondern kann auf verschiedenartige Weise seinem Leben einen Sinn geben.

Pascal benutzte dieses Argument für seine Idee von der »Wette«. Dieser größte christliche Denker der Neuzeit war der Meinung, daß es unmöglich sei, die Existenz Gottes, der Seele und so weiter in ausschließlich menschlichen Begriffen zu beweisen, das heißt, auch er hatte diesen Gedanken, daß etwas im Glauben nicht auf die Vernunft reduzierbar sei, ja geradezu im Widerspruch zur Vernunft stehe. Zu den Skeptikern unter seinen zeitgenössischen Freunden, die in einer Welt des Reichtums lebten und ans Glücksspiel gewöhnt waren, sagte er: Geht eine Wette ein und überlegt, worauf ihr am besten setzt: auf die Unsterblichkeit und die Wahrheit des katholischen Glaubens oder darauf, daß es nach dem Tod nichts gibt.

Seine Überlegung war einfach die: Wenn es nach dem Tod nichts gibt, was hat man dann mit einer Wette auf die Unsterblichkeit verloren? Nichts. Wenn es aber doch etwas gibt danach, hat man, wenn man auf die Sterblichkeit gesetzt hat, alles verloren.

In dieser Überlegung stimmt etwas nicht, denn durch den Glauben hat man nicht einfach etwas Zusätzliches gewonnen, ohne etwas zu verlieren. Ich denke, ein Glaube gibt dem Menschen sehr wohl Hoffnung und ein Wunschbild, aber er nimmt einem auch etwas, denn ich glaube, die nüchterne Einsicht in die Endlichkeit einer entzauberten Welt erlaubt es, den Alltag unseres kleinen und einzigen Lebens mit größerer Leidenschaft und mehr Verantwortlichkeit zu leben.

Gad Lerner: Eminenz, kann es Ihrer Meinung nach eine Gemeinsamkeit, ein gemeinsames Element zwischen dem als leidenschaftliches, gesellschaftliches Engagement und Festhalten an den eigenen Idealen verstandenen Glauben des Atheisten Flores d'Arcais und dem Glauben an Gott geben?

Joseph Ratzinger: Ganz ohne Zweifel sehe ich eine gemeinsame Ebene. Natürlich würde ich gesellschaftliches Engagement als solches ohne Berücksichtigung der Inhalte nicht an sich schon eine gute Sache nennen. Es geht auch um die Inhalte oder nicht? Jemand kann sich mit größtem Nachdruck für eine äußerst schlechte Sache einsetzen, die Intensität des Engagements ändert daran nichts. Aber meiner Ansicht nach kann es auch eine Übereinstimmung in den Grundwerten geben, die dem Leben einen Sinn geben und ein würdiges Zusammenleben in dieser Welt ermöglichen. Und auf diesem Gebiet können wir uns, um Ihre Worte zu zitieren, gemeinsam engagieren. Zu diesen Bereichen gehört der Kampf gegen die Intoleranz und gegen jede Art von Fanatismus, der immer wieder auftaucht. Und dann der Einsatz für die Menschenwürde, für die Freiheit, für die Großzügigkeit gegenüber den Armen und Bedürftigen.

In dieser Welt gibt es nach meinem Empfinden Werte, die wir als Christen mit den Atheisten teilen. Und es erscheint mir trotz des tiefen Grabens zwischen dem Glauben im christlichen Sinne und dem Atheismus von größter Wichtigkeit, daß wir hier eine Gemeinsamkeit haben und gemeinsam Verantwortung tragen.

Vielleicht ist es für den Atheisten eine Beleidigung, wenn wir denken, daß diese Werte letztlich aus der Überzeugung entspringen, das Sein trage in sich eine moralische Botschaft, das Sein als solches sei nicht neutral, sondern auf die Liebe und gegen den Haß gerichtet, auf die Wahrheit und gegen die Lüge. Diese Perspektive ist, so glauben wir, dem Sein eingeboren und rührt von seinem Ursprung in Gott her. Und deshalb denken wir, daß unser Glaube und auch der Einsatz für die Werte der Menschheit und die Würde des Menschen letztlich von einer verborgenen Präsenz abhängt, auf die wir keinen Einfluß nehmen können. Darin drückt sich demnach ein tieferer Glaube aus, auch wenn er nicht in theologischen Begriffen definiert ist.

Dies kann man, so meine ich, durchaus behaupten und dennoch den Atheisten respektieren, der diese Dinge nicht sieht oder vielleicht sogar diese gemeinsame Wurzel leugnet, die das Engagement für das Gute und gegen das Böse speist.

Gad Lerner: Eminenz, wie sehr haben Sie sich doch als Kirche vom laizistischen und aufklärerischen Denken anstecken lassen! Sie haben hier gerade das Wort Intoleranz verwendet, und das erschien uns ganz normal. Weniger normal ist vielleicht die Tatsache, daß dieses Wort, Intoleranz, am 12. März 1999 im Petersdom vom Papst in seinem Fastengebet benutzt wurde, als er um Absolution für die Sünden betete, die die Kinder der Kirche in ihrem Namen begangen haben. Das Wort und der Begriff der Toleranz – und damit auch die Intoleranz –, der aus der Zeit der Aufklärung stammt und aufs engste zum laizistischen, aufgeklärten Denken gehört, hat nun auch in den Wortschatz des Vorsitzenden der Glaubenskongregation, ja sogar ins Gebet des Papstes im Petersdom Eingang gefunden.

Diese Ansteckung gibt es also, sie ist ein gutes Zeichen, sie ist positiv. Akzeptieren sie diese Ansteckung oder sind Sie darüber beunruhigt? Sie gelten ja als sehr streng.

Joseph Ratzinger: Dazu möchte ich zwei Dinge sagen. Laizistisches und aufgeklärtes Denken sind Begriffe, die erst einmal definiert werden müßten. Im Italienischen bedeutet der Begriff laizistisch das Gegenteil von gläubig, was in anderen Sprachen nicht der Fall ist, deshalb ist der Begriff für mich nicht so eindeutig definiert, wie es hier vielleicht scheinen mag. Das gleiche gilt für aufgeklärt: In einem Vortrag an der Sorbonne habe ich zu zeigen versucht, daß das Christentum Aufklärung im Sinne des Sokrates und vor allem im Sinne der Propheten des Alten Testaments sein wollte, die Aufklärer gegen den Kult der heidnischen Götter waren. Deshalb wollte das Christentum in einem gewissen Sinne ebenfalls aufklären ...

Gad Lerner: Erlauben Sie mir jedoch die Bemerkung, daß Christentum und Aufklärung gehörig aufeinandergeprallt sind und sich blutige Auseinandersetzungen geliefert haben.

Joseph Ratzinger: Ja, denn Zwillinge können auch aneinandergeraten. In einem bestimmten Augenblick der Geschichte bildeten sich zwei gegensätzliche Positionen heraus: auf der einen Seite ein sehr in sich geschlossenes Christentum, das sich an sein – in einem weiteren als dem hier angesprochenen Sinne verstandenes – aufklärerisches Erbe nicht mehr so recht erinnerte, und auf der anderen Seite eine Welt, die sich deshalb gegen das Christentum wehrte und es als obskurantistisch betrachtete.

Meiner Meinung nach ist es an der Zeit, diese Gegensätze zu überwinden. Die unter bestimmten historischen Umständen zwischen dem 17. und 18. Jahrhundert entstandene Aufklärung war gegen das Christentum gerichtet, obwohl es auch Strömungen einer christlichen Aufklärung gab, auf die ich hier nicht näher eingehen will. Leider konnten sich diese Tendenzen einer Versöhnung und eines gemeinsamen Weges damals nicht durchsetzen, aber sie waren existent, und das Christentum muß sich dieser Wurzeln erinnern. Deshalb sehe ich hier keinen grundsätzlichen Gegensatz, auch wenn ich einen Gegensatz zwischen bestimmten Zügen der modernen Aufklärung und dem christlichen Glauben keineswegs leugnen will.

Deshalb würde ich hier nicht von Ansteckung sprechen, denn Ansteckung meint etwas Schmutziges, und das wollen wir wohl nicht zum Ausdruck bringen. Meiner Ansicht nach ist es vielmehr etwas sehr Positives, daß diese beiden Strömungen, die in der Vergangenheit getrennt waren und es bis zu einem bestimmten Punkt auch in der Zukunft sein werden, sich doch treffen und befruchten können, so daß die eine von der anderen zu lernen beginnt.

Gad Lerner: Ich möchte betonen, daß Ansteckung nicht notwendig etwas Negatives bedeutet. Ich wollte das Wort nicht in diesem Sinne verwenden.

All dies klingt sehr interessant. Professor Flores, haben wir vielleicht hier einen Kardinal Ratzinger kennengelernt, der sehr viel weniger rigide ist, als wir ihn uns vorgestellt hatten, oder täusche ich mich?

Paolo Flores d'Arcais: Hier wurden zwei Fragen gestellt. Ich gehe von der letzteren aus, um dann auf die erste, die nach dem gemeinsamen Terrain, zurückzukommen.

Leider habe ich hier nicht den Band mit den Enzykliken von Papst Johannes Paul II. vorliegen, eine meiner bevorzugten Lektüren. Denn dort könnte ich fast auf jeder Seite ein Zitat finden, wo der Papst explizit und vehement das Gedankengut der Aufklärung kritisiert. Man hat in Karol Wojtyla zunächst vor allem den Kritiker des Kommunismus und dann nach dem Fall der Mauer den Kritiker des entfesselten Liberalismus und konsumistischen Hedonismus – also eines bestimmten Aspekts der bürgerlichen Welt – gesehen. Wenn man seine Enzykliken aber wirklich genau studiert, so findet man praktisch von der ersten Enzyklika an diese beiden Elemente als seine wichtigsten Ziele, denn – und das lesen wir in allen Enzykliken als Konstante seiner Philosophie – er sah im Kommunismus genauso wie im konsumistischen bürgerlichen Hedonismus, das heißt, einem Aspekt der bürgerlichen Gesellschaft, zwei Elemente ein und derselben Realität, zwei unterschiedliche Konsequenzen der modernen Aufklärung.

Das spielt eine grundlegende Rolle. Daher muß man als Charakteristikum der Philosophie des Papstes Johannes Paul II. festhalten, daß für ihn mit dem Individualismus – der in der Aufklärung entsteht – jener Verlust einer absoluten Wahrheit beginnt, den er als die Wurzel aller Katastrophen der folgenden Jahrhunderte betrachtet. Mehr als einmal stellt dieser Papst die Behauptung auf – und damit ist er weder der einzige noch der erste, daß die großen Tragödien des 20. Jahrhunderts, die nationalsozialistischen Konzentrationslager und der sowjetische Gulag, also die Massenvernichtungen im Namen der einen oder der anderen Ideologie, ihre Wurzeln in der Aufklärung und ihrer Erfindung des Primats des Individuums hätten. Deshalb habe ich sogar geschrieben, Wojtyla gehe so weit, in Voltaire die Wurzel aller Übel der Moderne zu sehen.

Solche Behauptungen finden sich wörtlich in den Enzykliken des Papstes, deshalb bin ich sehr erfreut über das, was Kardinal Ratzinger gerade gesagt hat. Weil ich es anderen überlasse, darauf zu spekulieren, daß der Vorsitzende der Glaubenskongregation anderer Meinung ist als der Papst, bin ich fest davon überzeugt, daß er in Wirklichkeit sagen will: Es gibt eine gute und eine schlechte Aufklärung. Das führt dann dazu, als schlechte Aufklärung das zu bezeichnen, was wir als Aufklärung verstehen, nämlich die Tradition, die von Voltaire ausgeht, und als gute Aufklärung das, was historisch kaum auszumachen ist und vollkommen in der Minderheit blieb. Dabei ist die Hauptfrage die des Individuums. Weil aber die erste Frage die nach dem gemeinsamen Terrain war, will ich kurz darauf eingehen, um später darauf zurückzukommen.

Gad Lerner: Wollen Sie nicht zuerst darauf eine Antwort hören?

Paolo Flores d'Arcais: Nein, zuerst möchte ich auf die Gemeinsamkeiten eingehen, denn davon war auch die Rede ...

Ich glaube, daß es ein gemeinsames Terrain gibt, das für die Katholiken das kleine Einmaleins sein müßte und daher besonders leicht zu realisieren. Meiner Ansicht nach wäre das gemeinsame Terrain das Neue Testament und die darin vermittelten Werte, vor allem einen, den ich für grundlegend halte: »Euer Ja sei ein Ja, euer Nein ein Nein; alles andere kommt vom Bösen« (Mt. 5, 37). Diese Worte wenden sich selbstverständlich nicht nur aufs entschiedenste gegen Unlauterkeit, sondern gehen unendlich weit darüber hinaus: Jede Form des Taktierens, jedes Wort, das von einer klaren Stellungnahme abweicht, ist Teufelswerk.

Ich fände es sehr schön, wenn nicht nur alle Bekenntnislosen und Atheisten, sondern auch alle Christen sich auf ein solches Verhalten verständigen könnten. Dazu kommen noch all die vielen Stellen aus dem Neuen Testament, wo Privilegien und unterschiedlicher Reichtum als größte Sünde betrachtet werden.

Von diesen Wertvorstellungen ausgehend könnte es meiner Meinung nach leicht Verständigungsmöglichkeiten geben. Doch ich habe den Eindruck, daß diese Wertvorstellungen oft von denen, die nicht gläubig sind, sehr viel ernster genommen werden als von den Christen (*Applaus*).

Gad Lerner: Wie ich befürchtet habe, wäre es trotz des großen Erfolgs Ihres Beitrags wohl besser gewesen, wenn Sie früher abgebrochen hätten, denn wir bringen hier wirklich zwei Ebenen völlig durcheinander. Deshalb war oder vielmehr ist es besser.

Paolo Flores d'Arcais: Kardinal Ratzinger hat aber in seinem Beitrag ...

Gad Lerner: Natürlich können Sie frei entscheiden. Aber wenn Sie einverstanden sind, möchte ich doch die beiden Ebenen getrennt halten. Ich halte es für sehr interessant, was Kardinal Ratzinger auf die Frage nach den Interpretationen der Aufklärung antwortet, denn das ist ein entscheidender Punkt. Danach erst sollten wir auf die eventuelle Möglichkeit von Gemeinsamkeiten kommen. Bitte.

Joseph Ratzinger: Ja. Ich bin hier allerdings nicht darauf vorbereitet, die Enzykliken des Papstes gründlich zu analysieren. (*Ratzinger lächelt, Flores d'Arcais lacht, Applaus*), denn sie bilden ein umfangreiches Werk, das ein genaues Studium verdient.

Es stimmt, daß der Heilige Vater den Kommunismus als Totalitarismus kritisiert, der nicht nur Umwelt und Erde, sondern auch die Seelen zerstört, und daß er zugleich die Gefahren der liberalen Kultur aufzeigt.

Meines Erachtens nach dürfte es nicht so schwer sein, diese Kritik zu teilen. Der Heilige Vater hat das kommunistische Regime selbst erlebt, vor allem seine Verlogenheit, die dieses Regime am meisten charakterisiert hat. Viele Bischöfe, viele Priester und viele einfache Laien vor allem aus der ehemaligen DDR sagen mir, daß das eigentliche Problem die Verlogenheit war: Niemand hatte mehr Vertrauen zu seinem Nächsten, niemand wagte mehr die Wahrheit zu sagen, alle lebten unter diesem Druck, in einer Diktatur der Lüge und der gegenseitigen Heuchelei. Und deshalb haben alle mehr seelischen als physischen Schaden genommen, und die wirkliche Befreiung mußte gerade die Befreiung von dieser Diktatur der Heuchelei und Lüge sein.

Auf der anderen Seite kritisiert der Papst auch unsere westliche Kultur, so daß einige schon behaupten, er sei der letzte Apologet eines idealistischen Sozialismus und verteidige diesen gegen einen übertriebenen Individualismus und alle daraus entspringenden Übel. Diese Kritik an unser gegenwärtigen Kultur scheint mir notwendig und richtig, obwohl wir für die Freiheit und den Wohlstand, die sie uns geschenkt hat, dankbar sind. Denn wir sehen, wie auf die Spitze getriebener Liberalismus zu mangelnder Sensibilität für den Mitmenschen führt, dazu, daß nur noch das Ich und die materiellen, oberflächlichen Dinge im Mittelpunkt stehen. Auch das schädigt unsere Seelen und läßt sie verarmen.

Unsere Kultur hat durchaus ihre Vorteile, deren wir uns bewußt sind, denn niemand würde wünschen, daß diese unsere Kultur durch welches Ereignis auch immer zugrunde ginge. Und dennoch bleibt die genannte Kritik für viele, und ich würde sagen, gerade für die aufgeklärten Geister notwendig.

Nun sagt Professor Flores d'Arcais, daß diese beiden gegensätzlichen, aber untereinander komplementären Kritiken im Denken des Papstes nur zwei Varianten seiner grundsätzlichen Kritik an der Aufklärung seien. Und damit meint er den Individualismus als Wurzel aller Übel unserer Zeit.

Ich habe bereits betont, daß ich an dieser Stelle die Richtigkeit der Auslegung der päpstlichen Schriften nicht zu diskutieren wage. Aber meiner Überzeugung nach wurzelt der Kommunismus für Papst Johannes Paul II. nicht in der Aufklärung des 18. Jahrhunderts und hat auch nicht dieselben Wurzeln wie der Liberalismus. Aber auch die gegenwärtigen gefährlichen Auswüchse des Liberalismus lassen sich nicht einfach auf diese Wurzeln reduzieren, sondern haben sich durch vollkommen neue Mechanismen und Faktoren entwickelt. Es ist nicht wahr, daß die Geschichte nichts Neues hervorbringt. In unserem Jahrhundert – das heißt im letzten Jahrhundert – sind völlig neue Faktoren aufgetreten, die man nicht einfach auf das Denken, sagen wir, eines Voltaire zurückführen kann. Daß aus diesen Denkrichtungen negative Elemente hervorgegangen sind, durch die die Menschheit die Achtung vor dem Leben verloren hat, ist meiner Ansicht nach unbestreitbar. Das zeigt die Geschichte dieses Jahrhunderts, angefangen von den Greueln des Ersten Weltkriegs, zur Genüge. Deshalb schiene mir eine Selbstkritik des aufgeklärten Denkens und eine Gewissensprüfung in diesem Sinne durchaus angebracht. Sie müßte bei dem Problem des Verlustes derjenigen Werte beginnen, die der Aufklärung als Bedrohung der Freiheit erschienen.

Ich bin zufrieden, wenn ich sehe und den Applaus höre, der dem Satz galt, daß die Nichtgläubigen in manchen Punkten sich mehr an die Gebote des Neuen Testaments halten als die Gläubigen. Aber ich halte es für uns Christen und auch für die Nichtchristen stets für wichtig, selbstkritisch zu bleiben und die Gefahren der eigenen Position zu reflektieren. Ohne die Übel unseres Jahrhunderts nur der Aufklärung ankreiden zu wollen, Übel, die nicht automatisch daraus hervorgehen, möchte ich doch dazu einladen, auch dieses Erbe zu überdenken und den Mut zum Selbstzweifel aufzubringen, um alles erneut und gründlich zu reflektieren. Das schiene mir besonders wichtig und wäre auch ein gemeinsames Terrain für beide Seiten *(Applaus).*

Gad Lerner: An dieser Stelle möchte auch ich meine neutrale Rolle aufgeben und Ihnen applaudieren. Meiner Meinung nach ist es nämlich ein Zeichen von Weisheit, gerade dem Beifall zu spenden, was uns aus der Fassung und zum Nachdenken bringt, was uns zweifeln läßt, statt dem, was unsere Überzeugungen bestätigt. Das sollten wir hier alle beherzigen.

Paolo Flores d'Arcais: Papst Johannes Paul II. wird zweifellos in die Geschichte eingehen und nicht nur in die Geschichte der Kirche. Er wird in die Geschichte *tout court* eingehen, weil er eine fundamentale Rolle bei der Überwindung des Kommunismus, des kommunistischen Totalitarismus gespielt hat. Das bleibt ganz unbestreitbar, und dazu gehört auch, daß Karol Wojtyla schon als Erzbischof von Krakau den Widerstand eines großen Teils der polnischen Kirche gegen den Totalitarismus getragen hat.

Ich denke dabei besonders an meinen polnischen Freund Adam Michnik, einen der führenden Dissidenten in Polen, der deshalb einen großen Teil seiner Jugend im Gefängnis gesessen hat. Obwohl er nicht gläubig war, denn er war ein kommunistischer Dissident, konnte er seine Artikel, natürlich unter einem Pseudonym, lange Zeit nur in dem katholischen Wochenblatt *Tygodnik Powszechny* veröffentlichen, das unter der Schirmherrschaft Karol Wojtylas erschien und von einem Theologen aus seinem engsten Freundeskreis herausgegeben wurde. Der Widerstand gegen den Totalitarismus hat das ganze Leben dieses Papstes geprägt, nicht nur seine Amtszeit auf dem Stuhl Petri.

Dennoch, glaube ich, muß die Kritik an jeder Form von Totalitarismus und auch am grenzenlosen konsumistischen Hedonismus, mit der ich natürlich durchaus einverstanden bin, eine innere Kohärenz besitzen. Und meine Kritik am Papst bezieht sich gerade auf diese mangelnde Kohärenz, die meines Erachtens eben auf der Ablehnung der Grundgedanken der Aufklärung beruht. Das möchte ich genauer erklären:

Die Niederlage des Kommunismus in Polen war zugleich die Niederlage eines Totalitarismus, der per Gesetz den Menschen eine geistige Haltung aufzwingen wollte, die den Menschen – ob es sich nun um die Mehrheit oder eine Minderheit handelte, spielt gar keine Rolle – nicht paßte. Nach Wiederherstellung demokratischer Verhältnisse wollte dagegen der Papst per Gesetz eine Reihe von christlichen Werten durchsetzen, die ein anderer Teil der Bürger nicht guthieß.

Darüber äußerte sich der Philosoph Leszek Kolakowski, den Kardinal Ratzinger sicher kennt. Kolakowski ist ein persönlicher Freund von Karol Wojtyla und wurde alle zwei Jahre zu den informellen Treffen eingeladen, bei denen der Papst in seiner Sommerresidenz Castelgandolfo im kleinen Kreis über große Fragen sprach. Deshalb finden die Ansichten dieses Philosophen in der katholischen Welt und der Kirche große Beachtung. Diesen Aufsatz können Sie alle lesen, um festzustellen, daß es sich hier nicht um meine Exegese handelt. Denn Kolakowski wendet sich in scharfer Form gegen die polnische Kirche, weil sie die christlichen Werte in der Verfassung verankern will und auch in der Vergangenheit per Gesetz beispielsweise in der Abtreibungsfrage die Moralvorstellungen der katholischen Kirche durchsetzen wollte.

An diesem Punkt gerät Papst Johannes Paul II. in Widerspruch zu sich selbst. Trotz seiner antitotalitären Haltung verzichtet er nämlich, wenn er die Macht dazu hat, nicht auf ein Element des »Fundamentalismus«. Denn er will auf dem Gesetzesweg allen, auch den Nichtchristen, moralische Vorstellungen aufzwingen, die nur den katholischen Gläubigen eigen sind.

Zu der Forderung nach Selbstkritik des aufgeklärten Denkens: Der stimme ich natürlich zu, aber wohl niemand wird leugnen, daß dieses Thema bei vielen laizistischen Denkern, zum Beispiel der Frankfurter Schule usw., durchaus im Mittelpunkt steht. Der Papst dagegen hat ausgehend von der Frage des Relativismus die Aufklärung als Wurzel des Totalitarismus bezeichnet. Kardinal Ratzinger werde ich gern die Enzykliken mit der Unterstreichung all der Stellen schicken, wo der Papst die Aufklärung kritisiert.

Für den Papst und für die Kirche im allgemeinen beginnt mit der Aufklärung der Relativismus, der Relativismus gegenüber dem Sein und der Relativismus vor allem der Wertvorstellungen, was als Ursache aller Übel gesehen wird. Er ist sozusagen der Brutkasten der Totalitarismen, und daher müssen wir über diesen Relativismus sprechen, denn er ist auch die Basis für einen ethischen Pluralismus, ohne den demokratische Gesellschaften nicht existieren können. Dieser Pluralismus ist auch in diesem Saal vorhanden, denn einige der Anwesenden sind beispielsweise der Ansicht, Abtreibung sei ein Verbrechen, andere dagegen halten sie in bestimmten Fällen für eine zwar schmerzhafte, aber legitime Entscheidung. Auch darüber sollten wir also diskutieren ... (*Applaus*).

Joseph Ratzinger: Es sind verschiedene Fragen angesprochen oder angedeutet worden, auf die ich noch nicht eingegangen bin, und es dürfte schwierig sein, mich kurz zu fassen. Trotzdem möchte ich noch einmal auf das Problem der Rationalität des Glaubens eingehen. Es stimmt, daß für Paulus einerseits die Existenz eines einzigen Gottes evident ist, daß er aber – und ich folge ihm darin – davon überzeugt ist, daß sich die Gottesnatur Christi und daher die Auferstehung nicht mit Vernunftgründen beweisen läßt. Es gibt diesen, sagen wir, Überschuß des Glaubens, aber für den, der erst einmal sozusagen den Raum des Glaubens betreten hat, ist er kohärent. Die Rationalität führt gleichsam zum Glauben, der dann wiederum einen »Sprung« auslöst. Aber man kann jedenfalls sehen, daß diese beiden Sphären nicht im Widerspruch zueinander stehen, sondern eine Einheit bilden und eine innere Logik besitzen.

Zu Pascal wäre zu sagen, daß es hier, so wie ich ihn deute, nicht nur um dieses »Plus« an Hoffnung auf Unsterblichkeit geht – so verstehe ich sein Argument der »Wette« –, denn er sagt: Die Erfahrung ist Bedingung der Erkenntnis – und mit diesem Argument ist er Kind seiner Zeit, das heißt, wenn man keinen Versuch macht, den christlichen Glauben kennenzulernen, kann man ihn logischerweise nicht begreifen. Und deshalb sagt er, gib dich der Realität anheim, mach einen Versuch, ein Experiment, und dann wirst du die innere Logik erkennen. Und dieses Argument muß man meiner Meinung nach noch vertiefen – denn hier befinden wir uns tatsächlich auf dem Terrain des modernen Denkens; auch im christlichen Glauben gibt es die Ebene der Erfahrung und die Möglichkeit, eine Rationalität in dieser Erfahrung zu finden. Diese Frage gilt es tatsächlich zu vertiefen.

Dann will ich noch betonen, daß ich – auch in Übereinstimmung mit dem, was ich über die Diktatur der Lüge gesagt habe – die Ehrlichkeit des »Ja, ja und nein, nein« für grundlegend halte, also das Gebot der Wahrheit und Ehrlichkeit, wie es für das Neue Testament konstitutiv ist. Mit einer gewissen Verwunderung habe ich vernommen, daß Professor Flores d'Arcais alles andere als Teufelswerk bezeichnet hat, das heißt, er erkennt wenigstens die Existenz des Teufels an (*Applaus und Gelächter*).

Gad Lerner: Unzweifelhaft hat auch Paolo Flores d'Arcais christliche Wurzeln, denn ich wäre ganz sicher nicht wie er bereit, das Neue Testament als Terrain zu bezeichnen, auf dem man sich begegnen könnte.

Ich möchte aber auch die Gelegenheit ergreifen, da Sie, Eminenz, von Selbstkritik gesprochen haben, und Ihnen eine für mich entscheidende Frage stellen, die vor allem während des Heiligen Jahres eine Rolle gespielt hat. In diesem Rahmen war die Aufarbeitung der Vergangenheit, das sogenannte *mea culpa* ohne Zweifel ein wichtiger Moment, auch im Vergleich zu den Heiligen Jahren der Vergangenheit.

Für uns, die wir nicht Christen sind, ist es ziemlich einfach, das Verhalten der Kirche zu historisieren und zu relativieren. Die Kreuzzüge beispielsweise, die Inquisition oder die gewaltsame Bekehrung ganzer Völker lassen sich durch die Mentalität einer Epoche, durch die Konflikte, Strömungen, Spannungen und die Kultur der Zeit erklären. Wir sind gewohnt zu historisieren und zu relativieren. Wie aber kann die Kirche, die sich als überzeitliche Kraft versteht, die zwar in der Geschichte wirkt, ihr aber in gewisser Weise immanent ist, diese Sünden und diese Schuld der Vergangenheit erklären...? Ist es nicht zu simpel, diese Schuld den Menschen zuzuschreiben, die dies alles im Namen der Kirche getan haben, während die Kirche selbst unfehlbar und rein bleibt?

Joseph Ratzinger: Ja, ich gehe zunächst auf das ein, was Sie über das Schuldeingeständnis gesagt haben, und auf die Fragen, die sich daraus für die Vorstellung der Kirche selbst ergeben, für ihr Selbstverständnis: Das ist von großer Wichtigkeit. Und ich denke wie Sie, daß dieser Akt der Reinigung und Reue ein wichtiger Schritt war, der noch große Möglichkeiten in sich birgt. Die Kirche und die Theologie müssen diese Erfahrung ganz konsequent weiterverfolgen und jetzt darüber zu reflektieren beginnen.

Wir haben in der Internationalen Theologenkommission viel darüber nachgedacht und festgestellt, daß dieses bisher noch wenig erforschte Gebiet genauer untersucht werden muß. Aber wir wissen auch, daß schon die Evangelien immer von der Kirche als einer Kirche der Sünder sprechen, und genau das kennzeichnet diese Schöpfung. Denn Christus hat auch die Sünder gerufen und die Worte gesprochen: »Laßt das Unkraut bis zur Ernte wachsen, sonst reißt ihr zusammen mit dem Unkraut auch den Weizen aus.« (Mt. 13, 29f.) Der heutige Tag ist dem heiligen Matthäus geweiht, und weil er ein Sünder war, sagt der Herr ausdrücklich: Ich bin gekommen, die Sünder zu rufen (Mt. 9,13). Um die vom Herrn gewollte Vorstellung von der Kirche zu begreifen, scheint mir noch viel Klärung notwendig, aber die Reinheit der Kirche ergibt sich sicher nicht aus ihren Verdiensten, das ist allzu offensichtlich. Wenn wir die Geschichte der Kirche betrachten, so tritt in ihr unaufhörlich die Schwäche der Menschen zutage. Aber das Paradox der Kirche besteht darin, daß trotz all dieser Fehler die Heilslehre der Evangelien lebendig ist und gegenwärtig bleibt.

Letztlich kann ich hier nicht darüber diskutieren, in welchen

Punkten die polnische Kirche etwa christliche Werte politisch durchzusetzen versucht hat, denn ich bin darüber nicht ausreichend informiert, aber ich möchte zwei Dinge anmerken. Erstens: Wenn, und ich betone: wenn es stimmt, denn ich kenne die Fakten nicht, daß in Polen Druck ausgeübt wurde, um typisch christliche Werte, die nicht notwendig von den anderen geteilt werden, in die Verfassung aufzunehmen, dann kann man das meiner Meinung nach nicht dem Papst anlasten.

Zweitens: Natürlich ist es nicht leicht – und das wäre vielleicht ein weiteres Thema für unsere Diskussion –, genau zu unterscheiden zwischen typisch christlichen Werten, die nur mit der Freiheit des Glaubens angenommen werden und niemandem, der nicht glaubt, aufgezwungen werden dürfen, und wirklich menschlichen Werten, die die Grundlagen der menschlichen Würde betreffen. An dieser Stelle sind der Papst und ich gleichermaßen davon überzeugt, daß darauf nicht nur Christen beharren sollten, denn es geht um die Heiligkeit des menschlichen Lebens, um das Recht des Seins, das vor allen anderen Rechten kommt. Wenn ich kein Lebensrecht habe, welches andere Recht kann ich dann noch beanspruchen, und wenn es um menschliche Wesen geht, ist es also gültig … dieses Recht ist keine christliche Setzung, aber das ist der Punkt: Wie lassen sich Wertvorstellungen herauskristallisieren, die einfach menschlich sind und nicht nur christlich. Auch sich wenn diese Werte geschichtlich besonders im Christentum herausgebildet haben – im antiken Griechenland war die Abtreibung ganz normal. Im Christentum haben diese Wertvorstellungen eindeutigere Konturen angenommen und sind dennoch nicht ausschließlich christliche Werte, sondern lediglich die offensichtliche Manifestation allgemein menschlicher Werte.

In diesen auch politischen Auseinandersetzungen wäre es meines Erachtens wichtig, nicht immer nur von vornherein zu behaupten: Die Christen wollen uns etwas aufdrängen. Wir sollten lieber darüber diskutieren, was für alle Menschen verbindlich und was christlich ist.

Gad Lerner: Hier rühren wir an das, was als naturrechtliches Fundament des Christentums bezeichnet wird, und sicher scharrt Paolo Flores d'Arcais schon mit den Hufen. Es geht also um menschliche und christliche Werte. Zuerst aber möchte ich noch einmal etwas Genaueres wissen zu der Frage, die mir besonders am Herzen liegt wegen der Bedeutung, die das Schuldbekenntnis der Kirche für uns alle hat. In diesem Moment hat sich die Kirche während des Heiligen Jahres wohl am direktesten an die Außenwelt gewandt, an die anderen, auch an uns Nichtkatholiken.

Daher möchte ich Ihnen die Frage stellen: Sowohl von seiten derer, die als Traditionalisten dieses Schuldanerkenntnis als schmerzhaft empfunden haben, als auch von seiten derer, die davon begeistert waren, wurde diesem *mea culpa* eine mögliche Sprengkraft zugemessen. So als werde die Kirche mit dem Eingeständnis der Schuld ihrer Anhänger gegenüber den Juden, den Frauen und den Indios früher oder später, vielleicht in ein, zwei Jahrhunderten, auch ihre Schuld gegenüber den Homosexuellen, den Geschiedenen, der Sexualmoral bekennen ... *(Applaus).*

Enthält diese Abbitte für Fehler der Vergangenheit nicht wirklich eine Sprengkraft? Gibt es da nicht Voraussetzungen für die Destabilisierung einiger Glaubensgrundsätze?

Joseph Ratzinger: Es gibt ohne Zweifel ein kritisches Potential, doch von einer subversiven Kraft zu sprechen schiene mir nicht angebracht. Ich möchte vor allem unterstreichen, daß sich der Papst mit seinen Worten nicht an die Welt wenden und ihr sozusagen das Schauspiel einer Kirche bieten wollte, die Abbitte leistet, sondern an Gott, und das scheint mir von großer Wichtigkeit. Diese Worte waren nicht gedacht als eine Demonstration vor der Welt. Sie machten gerade deshalb Eindruck, weil sie nicht so gedacht waren. Nur vor Gott und im Angesicht Gottes wagte der Papst Dinge zu sagen, die man als solche nur vor Gott sagt, die aber vor Gott gesagt werden müssen.

Diese Tat war deshalb mutig, weil unser Gespräch mit Gott für die Welt sichtbar war. Und es war notwendigerweise sichtbar, weil auch das klassische *confiteor* der Kirche, das Glaubensbekenntnis, vor Gott und vor den Brüdern ausgesprochen wird, denn die Sünde, die in erster Linie eine Sünde gegen Gott ist, ist auch immer eine Sünde gegen die Menschheit.

Und im Angesicht Gottes kann man, muß man einfach die ganze Wahrheit sagen, man muß auch Dinge sagen, die gefährlich erscheinen mögen. Denn wir können gewiß sein, daß Gott alles, was ehrlich und mit tiefgehender Gewissensprüfung gesagt ist, zum Guten wenden und daß er uns reinigen wird. So kann die Wirkung trotz aller Gefahren nur positiv sein.

Ich verstehe natürlich auch die Probleme der Traditionalisten, der Bischöfe in den ehemaligen kommunistischen Ländern. Sie argumentieren folgendermaßen: Wir als Kirche sagen jetzt genau das gleiche, was die anderen uns und der Kirche stets als Übeltaten vorgehalten haben, um damit das Vertrauen in die Kirche zu zerstören. Wir haben diese unsere Kirche verteidigt, die für die Gläubigen eine Zuflucht der Menschen und der Menschlichkeit war, und deshalb haben nicht alle Gläubigen diese Vorwürfe geglaubt, aber doch ein Teil von ihnen. Wenn wir aber jetzt nach dem Sturz der Diktatur sagen: Die hatten recht, was tun wir dann? Das Gewissen unserer Schäflein wird leiden, und wir sind verantwortlich für unsere Schäflein ...

Derartige Überlegungen müssen wir respektieren, denn sie haben ein Gewicht, und deshalb ist dieses Bekennen nur vor Gott gerechtfertigt, als eine Pflicht gegenüber Gott, im festen Vertrauen darauf, daß es Gott gibt und daß er antwortet.

Paolo Flores d'Arcais: Kardinal Ratzinger hat mit Recht darauf hingewiesen, daß das kirchliche Schuldbekenntnis in erster Linie die Kirche betrifft. Deshalb beschränke ich mich darauf, einige Überlegungen zu zitieren, die von praktizierenden Katholiken stammen: Sie betrachten diese Anerkennung schwerer Sünden der Vergangenheit, vor allem der Intoleranz – der Kreuzzüge, des Antisemitismus usw. –, als etwas Wichtiges. Aber sie sehen auch Grenzen und Widersprüche in diesem Eingeständnis vergangener Sünden der Kirche.

In allererster Linie geht es um die Verspätung dieser Eingeständnisse. Nicht nur, daß man erst heute Sünden bekennt, die Hunderte, zum Teil sogar Tausende von Jahren zurückliegen, sondern vor allem, daß die Kirche, wenn sie schon einmal die eigenen Sünden eingesteht, nicht auch all das benennt, was in den Augen vieler Katholiken als ebenso schwere, vor allem aber als gegenwärtige Sünde erscheint.

Insbesondere eines haben viele Christen betont: Welchen Sinn hat es, wenn die Kirche an die zahllosen Ungerechtigkeiten der Vergangenheit erinnert, nicht aber an etwas, was der Papst, der in eigener Person spricht, selbst begangen hat? Gemeint ist sein berühmter Auftritt auf dem Balkon in Santiago de Chile an der Seite von General Pinochet, um einem verbrecherischen und mörderischen Regime den Segen der Kirche zu spenden ... (*Applaus*).

Nein, entschuldigen Sie, ich würde darum bitten ... das sind Fragen ... wir kommen ja nicht ins Fernsehen, und deshalb spielt es keine Rolle ...

Also, Beispiele dieser Art könnte man noch viele aufzählen ... Die jüdischen Gemeinden haben darauf hingewiesen, daß das Eingeständnis des lange Zeit in der Kirche herrschenden Antisemitismus viel zu lau und außerdem widersprüchlich blieb. Das Widersprüchliche wird um so deutlicher, wenn dann ein Papst wie Pius IX. seliggesprochen wird, der nicht nur, wie jedermann weiß, den laizistischen Staat aufs heftigste bekämpft hat und als letzter weltlicher Herrscher auch ein zutiefst konservativer Fundamentalist war. Darüber hinaus unterstützte er in dem sogenannten »Fall Mortara« ausdrücklich die Entführung eines jüdischen – angeblich von seiner Amme heimlich getauften – Kindes, um es »christlich« erziehen zu lassen. Mit dieser skandalösen Tat bekräftigte er eine Haltung, die gewiß alles andere als tolerant gegenüber den römischen Juden war.

Wenn die Kirche also einerseits feierlich etwas sehr viel Tiefergreifendes als »Selbstkritik« unternimmt – denn diese gehört in den Bereich der Politik –, nämlich das Bekennen der eigenen Sünden, dann wird andererseits all das, was nicht erwähnt, aber trotzdem eine Schuld ist, als akzeptabel und nicht sündhaft gerechtfertigt. Gerade dies wirft einen tiefen Schatten auf die Bußübung ...

Gad Lerner: Entschuldigen Sie, wenn Sie von einem tiefen Schatten sprechen: Warum haben dann Ihrer Meinung nach die Kirche, die Theologische Kommission und Papst Johannes Paul II. sich im Jahr 2000 zu dieser Beichte und zur Läuterung ihres historischen Bewußtseins entschlossen?

Paolo Flores d'Arcais: Weil die Kirche bereit ist, den Teil ihrer Verfehlungen anzuerkennen, der heute keinen Skandal mehr erregt. Genau so – und das wäre ein weiteres Thema, das wir später anschneiden können –, wie sie heute ohne weiteres Galilei akzeptiert, aber noch längst nicht die zeitgenössische Molekularbiologie und auch nicht den Darwinismus in seiner letzten Konsequenz.

Und zu Ihrer Frage, die sie zuletzt gestellt haben, ob nämlich dieses *mea culpa*, auch wenn es nur partiell und widersprüchlich ist, nicht doch in der Zukunft eine Sprengkraft innerhalb der Kirche entfalten kann: Auch hier sehe ich, wie sich in der Zukunft ein gewaltiger Widerspruch auftun kann. Denn es ist Papst Johannes Paul II., der in seiner *Veritatis splendor* fast eine ganze Enzyklika der Kritik derjenigen theologischen Ansichten widmet, die, obwohl sie in der katholischen Kirche weit verbreitet sind, mit seiner Lehre nicht vollkommen übereinstimmen. Er verurteilt systematisch alle theologischen katholischen Lehren, die seiner Meinung nach zu weit gegangen sind.

Auf der anderen Seite erkennt der Papst an, daß Lehren der Kirche, die in der Vergangenheit als sakrosankt betrachtet wurden, heute als schuldhaft verurteilt werden. Dann hat der traditionalistische Katholik oder Bischof nicht ganz unrecht, wenn er sagt: Morgen wird ein anderer Papst um Entschuldigung bitten für das, was heute als absolute Wahrheit gilt. Ich glaube, daß wir unter diesem Gesichtspunkt vielleicht abschließend darüber diskutieren sollten, was man unter einem »großen Papst« versteht, denn Papst Johannes Paul II. ist natürlich unter vielen Gesichtspunkten ein sehr bedeutender Papst. Aber es gibt auch andere Gesichtspunkte, und da stellt sich zum Beispiel die Frage: wie viele ungelöste Widersprüche wird dieser Papst in der Kirche hinterlassen? Vielleicht können wir darüber später sprechen.

Gad Lerner: Wenn ein Papst ungelöste Konflikte hinterläßt, spricht das nicht unbedingt gegen seine Größe.

Ich möchte Ihnen für Ihr Vorgehen keine Vorschriften machen, doch wäre es nützlich für die weitere Diskussion, nicht näher auf Einzelheiten im Pontifikat von Johannes Paul II. wie zum Beispiel sein Verhalten gegenüber Pinochet und die Seligsprechung Pius IX. einzugehen, denn sonst laufen wir Gefahr ... *(Proteste im Saal).*

Natürlich stelle ich es Kardinal Ratzinger vollkommen frei, auf Einzelheiten des Pontifikats von Johannes Paul II. einzugehen. Aber mir käme es darauf an, das umfassendere Thema, das wir uns gestellt haben, weiterzuverfolgen. Bitte.

Joseph Ratzinger: Ja, ich bin einverstanden, wir können das hier nicht klären, denn es fehlt uns an genauen Informationen, an allen Details, und daher wäre es keine ernsthafte Diskussion, denke ich, über diese einzelnen Punkte zu sprechen. Zudem wäre ich nicht damit einverstanden, jetzt schon Bilanz zu ziehen und die Bedeutung dieses Papstes zu beurteilen. Die Bewertung seiner historischen Rolle sollten wir zukünftigen Generationen überlassen.

Ich bin wegen einer philosophischen Frage hierhergekommen, und vor mir liegen Themen, die wir noch gar nicht angeschnitten haben wie: Glaube und Wissenschaft, Glaube und Theodizee, Glaube und Protestantismus, andere Religionen, Ehescheidung, Abtreibung (dies letztere haben wir vielleicht schon berührt), Euthanasie, Empfängnisverhütung und Hunger in der Welt, Glaube und Nihilismus usw. Deshalb möchte auch ich nicht von der Ebene der Philosophie auf allzu historische, empirische und kontingente Fragen überwechseln.

Gad Lerner: Wenn Sie erlauben, komme ich auf den vorhergehenden Beitrag von Kardinal Ratzinger zurück, in dem er die Grundfragen des Menschen ansprach, die moralischen Naturgesetze, auf die sich die Kirche in ihrer Sichtweise bezieht. An dieser Stelle könnte ein starker Gegensatz auftauchen. Denn ein Nichtgläubiger, verzeihen Sie mir diesen Begriff, könnte dies in dem Sinne als Anmaßung empfinden, daß die Kirche ihren Standpunkt in Fragen der Abtreibung, der Bioethik und der Familie beispielsweise nicht nur als ihren ausschließlich christlichen Standpunkt betrachtet, sondern ihn naturrechtlich begründet. Da Sie sich zu diesem Punkt bereits geäußert haben, möchte ich Paolo Flores d'Arcais um eine Stellungnahme bitten, denn dieser Punkt scheint mir zentral für unsere Auseinandersetzung.

Paolo Flores d'Arcais: Das ist tatsächlich eine entscheidende Frage. Danach folgt natürlich auch das Problem Glaube und Wissenschaft: Das können wir nur angehen, wenn wir zu den Grundlagen zurückgehen. Aber meiner Meinung nach liegt hier der Schlüssel zu allen denkbaren Divergenzen. Es geht um folgendes: Das Christentum hält seine Wahrheiten zugleich für natürliche Wahrheiten; zwar nicht alle christlichen Wahrheiten – es gibt andere, zu denen die Vernunft keinen Zugang hat. Grundsätzlich aber kann es nach kirchlichem Dogma keinen Konflikt mit der rechten Vernunft geben, sie kann zu keinem anderen Schluß kommen als dem, den der katholische Glaube vorgibt. Wo sie zu anderen Schlußfolgerungen kommt, ist es keine rechte Vernunft, sondern eine Vernunft »auf Abwegen«, die nicht funktioniert. Und daraus entstehen alle Konflikte.

Der Schlüssel für all dies ist die Vorstellung eines Naturgesetzes, eines moralischen Naturgesetzes. Die moralische Norm wäre demnach bereits im Sein, in der Wirklichkeit eingeschrieben und die natürlichen Normen wären eine Art Chromosomen des Universums und der Realität. Deshalb geht es nach dieser Auffassung nur noch darum, diese Normen mit unserer Vernunft zu entdecken und ihnen zu gehorchen.

Ich glaube, daß diese Vorstellung absolut falsch und unhaltbar ist. Ich glaube nicht an die Existenz eines moralischen

Naturgesetzes, sondern an die Existenz zahlloser von Menschen gemachter Gesetze, die im Laufe der Geschichte oft gemeinsame Züge besaßen, aber nie in allen Punkten übereinstimmten. Daher ist der Anspruch, eine bestimmte Moralauffassung naturgesetzlich zu begründen, zwar durchaus edel, birgt aber an sich schon alle Gefahren der Intoleranz.

Warum bin ich der Ansicht, daß es kein moralisches Naturgesetz geben kann? Natürlich bezieht sich auf die menschliche Natur. Wenn wir unter Naturgesetz etwas verstehen, was alle Menschen immer für schlecht hielten, auch wenn sie dem zuwiderhandelten, dann existiert ein solches Naturgesetz nicht. Im Laufe der Geschichte hat der Mensch an die unterschiedlichsten Normen als gültige, ja als höchste Werte geglaubt – und fast immer diese moralischen Normen auch als religiöse Normen betrachtet. Nicht einmal das Tötungsverbot ist als natürliche Norm betrachtet worden.

An dieser Stelle hätte ich gerne ein von mir häufig benutztes Pascal-Zitat genau vorliegen, wo Pascal ungefähr sagt: Der Mensch hat jede denkbare Norm und auch ihr Gegenteil als verehrungswürdig empfunden. Anhand von Beispielen wie Vatermord, Inzest und anderen schrecklichen Dingen erklärt er, daß es Menschen gab, die diese Dinge nicht nur duldeten, sondern sie sogar als wertvoll betrachteten. In manchen primitiven Gesellschaften – auch das waren Menschen! – wurde der Kannibalismus sogar als ethisch-religiöse Pflicht angesehen. Man könnte noch viele andere Beispiele aufzählen. Wenn wir unter Natur also das verstehen, was man normalerweise darunter versteht, nämlich alle Angehörigen der Spezies *Homo sapiens*, dann gab es eindeutig keine einzige Norm, die immer von allen Menschen anerkannt worden ist. Ich betone noch einmal: Nicht in dem Sinne, daß die Menschen etwas als ein Gebot betrachteten, es aber trotzdem übertraten, sondern in dem Sinne, daß sie vollkommen unterschiedliche und untereinander nicht kompatible Dinge als moralisch gut verstanden.

In welchem Sinn kann man dann von »Naturgesetz« sprechen? Nur dann, wenn man a priori festlegt, daß ein Teil der

Menschheit gegen die Natur gehandelt hat und der andere – eben genau der, der unsere Normen teilt – die wirkliche Menschheit darstellt, dann kann dies jeder von uns mit den von ihm gewählten Wertvorstellungen machen. Doch die logische Konsequenz daraus ist die Einstellung, daß jeder, der unsere Wertvorstellungen nicht geteilt hat oder teilt, nicht nur sündigt, sondern außerhalb der Menschheit steht.

Ich nehme an, daß wir auf die einzelnen Punkte dieses grundlegenden Dissenses eingehen werden. Hier möchte ich nur andeutungsweise auf ein Element eingehen, das in diesen Jahren eine große Rolle gespielt hat, nämlich die Abtreibung. Hier hat die Kirche das moralische Naturgesetz bemüht und für jeden Christen Abtreibung zum Verbrechen erklärt. Deshalb sagt der Christ: Ich bin nicht nur aus Glaubensgründen gegen die Abtreibung, sondern kann dies auch rational erklären.

Im Prinzip ist dies richtig, denn es gibt durchaus auch Nichtkatholiken, die sich gegen die Zulassung der Abtreibung aussprechen. Wenn ich recht erinnere, vertrat auch Norberto Bobbio seinerzeit in etwas abgeschwächter Form diese Meinung.

Und dennoch sind zahllose andere Menschen der festen Überzeugung, mit rationalen Argumenten vertreten zu können, daß Abtreibung zwar etwas sehr Schwerwiegendes sei, aber kein Mord und schon gar kein Kindermord. Das trifft um so mehr zu, als selbst im Rahmen der katholischen Kirche seit Jahrhunderten über diese Frage diskutiert wird. Der heilige Augustinus beispielsweise war davon überzeugt, daß das Kind vom ersten Augenblick an im Mutterleib eine Seele besitze. Er verurteilte deshalb viele Bischöfe seiner Zeit heftig, die glaubten, erst im dritten Monat der Schwangerschaft gäbe es eine Seele, so daß eine Abtreibung vor diesem Zeitpunkt kein Verbrechen darstelle. Aus den Worten des Augustinus geht hervor, daß seine Gegner in der Mehrheit waren.

Damit will ich nur andeuten, daß diese Frage lange innerhalb der Kirche umstritten war.

Wenn hier unserem Dialog Menschen folgen, die Abtreibung zwar für etwas Schmerzhaftes und keineswegs für ein normales Verhütungsmittel halten, aber nicht für ein Verbrechen, sind das dann irrationale, unmenschliche Personen?

Auf diese Weise müßten wir zu dem Schluß kommen, daß jedermann, der gegen die Anschauungen der Kirche verstößt, außerhalb der Rationalität und der Menschheit steht, obwohl er meiner Meinung nach oft die besseren und überzeugenderen Argumente aufbietet. Denn die Kirche ist der Auffassung, daß das Verbrechen mit dem ersten Tag der Schwangerschaft beginnt, während der Embryo doch bekanntermaßen in den ersten sechzehn Tagen noch aus undifferenzierten Zellen besteht.

Meiner Meinung nach kann diese Vorstellung einer natürlichen Norm Quelle eines mißbräuchlichen Anspruchs werden, denn sie betrachtet jedes nicht mit ihr übereinstimmende Argument a priori als irrational, unmenschlich und nicht der wahren Vernunft gemäß. Nach dieser Auffassung ist alles das universell und menschlich, was in Wirklichkeit nur einer der vielen im Laufe der Geschichte zutage getretenen moralischen Gesichtspunkte ist. Sie sind an der Reihe.

Joseph Ratzinger: Zu diesem Punkt gibt es bereits eine gedruckte Version der Kontroverse zwischen Flores d'Arcais und mir, denn Flores d'Arcais hatte an einem Passus der Enzyklika – ich weiß nicht mehr genau: *Evangelium vitae* oder auch *Fides et ratio* – heftige Kritik geübt, wo der Heilige Vater sagt: Es gibt Dinge, über die nicht eine Mehrheit entscheiden kann, denn es stehen Werte auf dem Spiel, die nicht im Ermessen wechselnder Mehrheiten liegen dürfen. Es gibt Grenzen für Mehrheitsentscheidungen dort, wo es um das Menschsein an sich, um den Respekt vor dem Menschen als solchen geht.

Flores d'Arcais hatte erwidert: An dieser Stelle erweist sich der Papst wirklich als antiaufklärerisch – jetzt erinnere ich mich, es handelte sich um die Enzyklika *Fides et ratio* – und zeigt, daß er der Philosophie und der Kultur von heute nichts zu sagen hat, weil er sich ihr diametral entgegenstellt.

Dagegen habe ich wiederum die Auffassung verteidigt, daß bestimmte Wertvorstellungen der Meinung und Entscheidungsgewalt der Mehrheiten entzogen sind. Wir Deutschen haben eine sehr schwerwiegende Erfahrung in dieser Richtung gemacht. Bei uns hat man entschieden, daß bestimmte Menschengruppen kein Lebensrecht hätten, und deshalb den Anspruch erhoben, die Welt von diesen unwürdigen Lebewesen zu »säubern«, um eine reine Rasse und den überlegenen Menschen der Zukunft zu schaffen.

Dagegen hat das Nürnberger Kriegsverbrechertribunal nach dem Krieg vollkommen zu Recht gesagt: Es gibt Rechte, die von keiner Regierung angetastet werden dürfen. Und wenn auch das ganze Volk es wollte, bliebe es dennoch Unrecht. Deshalb hat man rechtmäßig Menschen verurteilen können, die die Gesetze eines Staates ausgeführt hatten, die formal rechtmäßig zustande gekommen waren. Das heißt, es gibt solche Werte, und ihre Formulierung ist auch ein Resultat der Aufklärung: Die Erklärung der unverletzlichen Menschenrechte, die unter allen Umständen Gültigkeit behalten. Wenn ich mich nicht täusche, wurden sie dann während der 48er Revolution genauer ausformuliert. Das war ein großer Fortschritt in der Menschheitsgeschichte, an dem wir festhalten sollten.

Deshalb bin ich mit der »historisierenden« Argumentation nicht einverstanden, nach der es für alle Werte im Laufe der Geschichte eine Gegenposition gegeben habe und nichts, was einer bestimmten Kulturepoche als Verbrechen galt, nicht in einer anderen als positiver Wert verehrt wurde. Diese rein statistische Tatsache beweist nur das Problem der menschlichen Geschichte und die Fehlbarkeit des Menschen.

Der Kirchenvater Origenes hat diesen Gedanken schon zu Beginn des 3. Jahrhunderts folgendermaßen formuliert: Ich weiß, daß bei den Menschen am Schwarzen Meer Gesetze bestehen, die Verbrechen erlauben. Aber jeder, der dort lebt, muß sich gegen dieses Gesetz erheben, denn es gibt eine Realität, gegen die sich kein Gesetz wenden darf, und wenn es doch geschieht, ist das Gesetz verwerflich.

Aus der Erfahrung des letzten Jahrhunderts und seiner Schrecken sollten wir doch wissen: Das menschliche Leben ist heilig. Zwar hat es in dieser Welt immer Gesetze gegeben, die diese Unverletzlichkeit seiner Würde und der sich daraus ableitenden Rechte negieren. Aber sie bleiben Unrecht auch dann, wenn sie formal korrekt zustande gekommen sind.

Deshalb ist für mich die Forderung, daß die Mehrheit in gewissen Dingen nicht das letzte Wort haben darf, sondern das Menschsein an sich respektieren muß, für die Zukunft unserer Kultur von grundlegender Bedeutung.

Daraus ergibt sich eine weitere, eigentlich zwei weitere Fragen.

Die erste: Was ist die Grundlage für die Unverletzlichkeit einiger Rechte? Die katholische Lehre sagt: die Schöpfung. Seit der griechischen Philosophie wurde dafür der Begriff Natur, *physis* gebraucht. Vielleicht könnte man einen besseren Begriff finden, aber ich will hier nicht über die Terminologie streiten. Doch hinter dem Begriff der *physis* stand die Vorstellung, daß diese Natur nicht Ergebnis eines blinden Zufalls, einer blinden Evolution sei, sondern trotz der Weiterentwicklung dahinter eine Vernunft, also eine Moral des Seins selbst stehen muß.

Ich fand die Formulierung von Flores d'Arcais sehr schön, daß es sozusagen moralische Elemente in den Chromosomen der Realität geben müsse. Das bedeutet nicht, daß die empirische Natur als Naturgesetz kanonisiert werden muß, sondern daß es eine Priorität des Geistes gegenüber dem Irrationalen gibt und daher ein moralisches Fundament existiert, das bestimmte Verhaltensweisen ausschließt.

Das ist also der erste Punkt: Was ist die Grundlage für die Unverletzlichkeit bestimmter Rechte und die Unzulässigkeit bestimmter Gesetze, was ist das Fundament für diese Grenze unserer gesetzgebenden Gewalt?

Wir sagen: die Schöpfung, unser Ursprung aus einem Geist, einem Logos. Wenn Flores d'Arcais eine andere Antwort gibt, gut, dann können wir sehen.

Die zweite Frage lautet, wie wir diejenigen Dinge bestimmen können, die unverletzlich sind und unserer Entscheidungsgewalt vorausgehen, weil sie die Würde des Menschen schützen.

Das ist natürlich ein schwieriges Problem, und hier können auch Irrtümer vorkommen und überstürzte Festlegungen.

Ich möchte jetzt nicht auf die Debatte über die Abtreibung eingehen, die wir alle kennen, sondern lediglich feststellen: Auch wenn der heilige Augustinus mit der wissenschaftlichen Ansicht seiner Zeit, wie auch später der heilige Thomas von Aquin mit Aristoteles, darin übereinstimmte, daß die Seele erst nach einem bestimmten Zeitraum entsteht, also zuvor kein beseeltes menschliches Wesen vorhanden sein kann, blieb und bleibt davon der Grundsatz unberührt, daß kein Mensch getötet werden darf, so schwach, wehrlos und noch ohne Verstand er sein mag. Das empirische Problem ist also: Wann beginnt das menschliche Wesen?

Für Augustinus, und ich hoffe, für uns alle, ist absolut sicher, daß in dem Moment, wo man von einem Menschen sprechen kann, dieser unantastbar ist. Da erhebt sich eben diese Frage: Ab wann ist der Mensch Mensch? Nach Aristoteles kann man von einer Seele erst nach drei oder sechs Monaten sprechen. Das stimmt nicht, wie wir heute alle wissen. Soweit meine Kenntnisse der Biologie reichen, trägt das Wesen vom ersten Augenblick an das ganze Programm des Menschen in sich, zu dem es sich entwickeln wird. Die Anlagen sind vorhanden, also kann man auch schon von einem Individuum sprechen. Wir müssen das Ergebnis der Naturwissenschaften nicht zu einem Dogma erheben, deshalb sind wir natürlich bereit, weitere Forschungen abzuwarten, denn wir wollen eben nicht einfach die gegenwärtig am meisten überzeugende und am besten nachgewiesene Position zum Dogma erheben.

Doch wir haben gesagt: Auch wenn diese Positionen nicht sicher sein sollten, besteht zumindest eine begründete Hypothese, eine begründete Wahrscheinlichkeit oder wenigstens Möglichkeit, daß es sich schon um einen Menschen handelt. Und schon diese Wahrscheinlichkeit, auch wenn sie nicht Gewißheit, sondern nur Möglichkeit ist, erlaubt es uns nicht, dieses Wesen zu töten, weil es wahrscheinlich, möglicherweise bereits ein Mensch ist. Das ist unsere Logik an diesem Punkt.

Gad Lerner: Verzeihen Sie, Eminenz, aber dazu möchte ich Ihnen wirklich eine Frage stellen. Die Kirche und das Christentum haben keineswegs immer die Verteidigung des menschlichen Lebens in den Mittelpunkt gestellt. Sie haben gerade den heiligen Augustinus zitiert. In seiner Zeit und anderen Epochen der Vergangenheit spielte die Verteidigung des menschlichen Lebens keineswegs eine so zentrale Rolle für die Kirche, oder täusche ich mich da?

Joseph Ratzinger: Auch die Kirche muß lernen, und gerade hinsichtlich der Menschenrechte haben wir auch von der Aufklärung gelernt.

Gad Lerner: Ich beziehe mich nicht nur auf die Aufklärung. Wenn Sie gestatten, möchte ich einen katholischen Laien, nämlich Gian Enrico Rusconi anführen. Er beschäftigt sich mit dem, was er die parallele Krise des laizistischen Denkens und der katholischen Theologie nennt, denn er sieht hier deutliche Parallelen. Gerade das starke Insistieren der Theologie auf dem Naturrecht hält er für eine Art »Rettungsring«, an den sich die Kirche klammert, weil ihr die Prinzipien und Gewißheiten der Vergangenheit abhanden gekommen sind. Auch die herausragende Rolle, die die Verteidigung des menschlichen Lebens in der kirchlichen Doktrin angenommen hat, wäre demnach neueren Datums und hätte in der Geschichte der Kirche nicht immer diese absolute Rolle gespielt.

Joseph Ratzinger: Ich würde dazu zwei Dinge sagen. Erstens: Die Sozialdoktrin der Kirche, die am Ende des 19. Jahrhunderts entstanden ist, hat sich im 20. Jahrhundert bis zum Zweiten Vatikanischen Konzil übertrieben viel mit dem Naturrecht beschäftigt. Doch dieser, sagen wir, verstärkte Bezug auf das Naturrecht ändert nichts daran, daß schon der heilige Paulus von der *katanoesis* (Beobachten, Betrachten) spricht. Er meint damit Ehrfurcht vor der Schöpfung und die tiefe Überzeugung, daß die Schöpfung von Gott spricht und deshalb auch vom Menschen. Wir finden das auch bereits im Alten Testament. Darüber, wie weit man das Naturrecht betonen soll, ohne zu übertreiben, kann und muß man also durchaus diskutieren. Ganz unzweifelhaft aber haben die Christen als ihr Erbe von Anbeginn an die Schöpfung als eine Realität betrachtet, in der der Logos präsent ist, und daher nicht nur als eine mathematische Struktur, sondern auch als Wegweiser für das richtige Leben.

Es stimmt, daß die Verteidigung des menschlichen Lebens heute eine größere Rolle spielt als in der Vergangenheit und daß sie besonders das 20. Jahrhundert kennzeichnet, denn wir haben ja auch eine Grausamkeit und eine Verachtung für das Leben erfahren, die uns wachrütteln mußte.

Doch war die Kirche nie der Auffassung, daß der Mensch eine Verfügungsgewalt über den Menschen und das menschliche Leben besitze. Etwas anderes ist das Problem der Todesstrafe, die als ein Zugeständnis an das Schutzbedürfnis und als Sühne betrachtet wurde. Doch auch wenn es diese Vorstellungen gab, hielt es die Kirche nie für gerechtfertigt, unter bestimmten Umständen – nach einer Art Gewichtung der Werte – über das menschliche Leben zu verfügen.

Paolo Flores d'Arcais: Ich teile die Vorstellung, daß die Mehrheitsentscheidung nicht für alle Dinge ausreicht, vollkommen.

Mehr noch, meiner Meinung nach muß absolut klar sein, daß auch und gerade in der Demokratie, in der die Mehrheitsentscheidung das zentrale Instrument des politischen Handelns ist, die Mehrheit nicht jede denkbare Entscheidung treffen kann. Aus genau diesem Grund stützen sich die modernen Demokratien auf Verfassungen, die jeder Mehrheit in ihrer Entscheidungsfreiheit Grenzen setzen. Alle modernen Verfassungen, die aus den großen Revolutionen in England, den Vereinigten Staaten und Frankreich hervorgegangen sind, greifen gewöhnlich die Menschen- und Bürgerrechte auf, die bestimmte Rechte als unveräußerliche Rechte jedes einzelnen Individuums definieren.

Unter diesem Gesichtspunkt bin ich also mit Ihnen vollkommen einer Meinung. Das Problem besteht vielmehr darin festzustellen, worüber die Mehrheit nicht entscheiden darf.

Die Frage muß also lauten: Welche Grundlage haben diese Menschen- und Bürgerrechte, und wer legt sie fest?

Gad Lerner: Entschuldigung, daß ich unterbreche: Wenn beispielsweise eine Mehrheit in Italien die Todesstrafe wieder einführen wollte, wäre das legitim?

Paolo Flores d'Arcais: Unsere Verfassung verbietet das. Und wir sollten das Problem nicht auf die Verfassungstechnik reduzieren, auch wenn wir dann darauf zurückkommen können. Die Fragen, die Kardinal Ratzinger aufgeworfen hat, gehen weit über bloße Verfassungstechnik hinaus.

Es besteht also Einverständnis darüber, daß eine Mehrheit nicht immer und von vorneherein über alles entscheiden kann. Das Problem lautet: Worüber darf sie nicht entscheiden, das heißt, was ist der Kern der allgemeinen, wahrhaft unveräußerlichen Werte, die unantastbar bleiben? Erster Punkt. Zweiter Punkt: Auf welcher Grundlage werden diese unveräußerlichen Rechte jedes Individuums bestimmt? Dritter Punkt: Wer legt sie fest?

Nun hat Kardinal Ratzinger ausdrücklich formuliert, daß für ihn die Grundlage der Rechte, die man als natürliche Rechte bezeichnet, nicht die Natur ist, ein Begriff, der mißverständlich sein könnte, sondern: die Schöpfung. Dies wäre die Grundlage für den Kern von Rechten und Pflichten, die keine Mehrheit antasten darf. Genau diese Aussage ist jedoch überaus problematisch, denn die Schöpfung als unantastbaren Kern der Werte und damit der Rechte und Pflichten jedes einzelnen von uns zu definieren heißt, ein religiöses Prinzip zu formulieren. Das ist unhaltbar in einer Gesellschaft, die nicht mehr auf der Religion als ihrer gemeinsamen Grundlage beruht. Die Schöpfung ist eine Gewißheit für den Gläubigen (und nicht einmal für alle heute existierenden Religionen, aber sicher für die drei großen Religionen, die sich auf Heilige Schriften stützen). Für diejenigen, die nicht glauben, ist die Schöpfung, sagen wir, eine Phantasievorstellung.

Gad Lerner: Der Zusammenhalt unserer Gesellschaft basiert weitgehend auf der Anerkennung der Zehn Gebote. Aus die-

sem Grund spricht man oft von der westlichen als einer jü-
disch-christlichen Gesellschaft, ohne damit im eigentlichen
Sinne die genannten Religionen zu meinen. Die Zehn Gebote
haben nichts mit dem Naturrecht zu tun, sondern sind offen-
barte Gebote, Offenbarung.

Akzeptieren Sie, Paolo Flores, diese Gebote als Element des
Zusammenhalts – nicht nur für die Menschen in diesem Saal
oder an diesem Tisch, sondern für unsere ganze Gesellschaft?

Paolo Flores d'Arcais: Auch darauf werden wir zu sprechen
kommen, denn die Fragen häufen sich.

Doch das grundlegende Problem lautet: Wenn die Schöpfung tatsächlich die Grundlage der natürlichen Rechte und
Pflichten wie beispielsweise der Unverletzlichkeit des menschlichen Lebens ist, dann wäre diese Grundlage meiner Meinung nach äußerst fragil, denn sie würde nur diejenigen er-
fassen, die an die Schöpfung glauben.

Nun glaubt aber die Mehrheit der Menschen in den westlichen Gesellschaften keineswegs an die Schöpfung, sondern
ist der Auffassung, daß alles aufgrund einer bestimmten kos-
mologischen Entwicklung entstanden ist.

Gad Lerner: Diese Frage stellt sich, so könnte man sagen,
eigentlich gar nicht mehr, denn es ist die Wahrheit.

Paolo Flores d'Arcais: Das stimmt so nicht, meiner Meinung
nach leben wir in einer oberflächlichen Zeit, aber keineswegs
so oberflächlich. Ich glaube nicht, daß man sich diese Frage
gar nicht mehr stellt, in gewisser Weise stellt man sie sogar
immer häufiger.

Wir jedenfalls stellen sie uns jetzt. Und sicher kann die
Schöpfung nicht als Fundament einer pluralistischen Gesellschaft betrachtet werden, in der viele Menschen nicht daran
glauben. Stattdessen sind viele Menschen davon überzeugt,
daß das Universum, in dem wir leben, aus dem berühmten
Urknall entstanden ist und dann eine Entwicklung durchge-
macht hat, die nicht von vornherein festgelegt war, sondern
andere Wege hätte einschlagen können. Stephen Jay Gould,
einer der bedeutendsten Naturwissenschaftler, der auch für

ein großes Publikum schreibt, hat vom Urknall bis zur Entstehung des Menschen nicht weniger als sieben entscheidende Momente ausgemacht, an denen die Evolution eine andere Richtung hätte nehmen können. Seiner Aussage nach waren die anderen Möglichkeiten ganz genauso wahrscheinlich, und wenn sich die Evolution in anderer Weise vollzogen hätte, wären wir jetzt nicht hier, um darüber zu diskutieren. In dieser Hinsicht stimmt die Naturwissenschaft heute mit dem überein, was Jacques Monod, einer der größten Biologen unserer Zeit, vor einigen Jahrzehnten so formuliert hat: Wir sind das Ergebnis von Zufall und Notwendigkeit.

Deshalb können wir die Schöpfung nicht als die Grundlage der unveräußerlichen Rechte und Pflichten des Menschen anerkennen. Ja, man sollte meiner Meinung nach heute eigentlich nicht von Menschenrechten sprechen, sondern den Mut haben, von Bürgerrechten zu sprechen. Deshalb sind sie keineswegs weniger verzichtbar, aber es macht uns bewußt, daß ihre Durchsetzung vor zwei, drei Jahrhunderten nur durch eine Form säkularer Religion möglich war, die die These aufstellte: Diese Rechte sind als natürliche Rechte dem Menschen angeboren.

In Wirklichkeit sind sie dem Menschen so wenig angeboren, daß er diese Rechte und Pflichten jahrtausendelang mit Füßen getreten hat, und es bedurfte harter Kämpfe, in denen sich ganze Generationen geopfert haben, um wenigstens vorläufig ihre Anerkennung zu erreichen. Nach wie vor sind sie keineswegs gesichert, wie wir täglich in den Zeitungen lesen können, denn auch bei uns werden die Bürgerrechte immer noch verletzt.

Es handelt sich also um Bürgerrechte, für die wir uns entschieden haben, um unser Zusammenleben darauf zu gründen. Sie sind natürlich in gewisser Weise auch zu einem nicht unwesentlichen Teil das Ergebnis einer Säkularisierung bestimmter christlicher Werte. Doch sie führen nicht zu so eindeutigen und unbestreitbaren Konsequenzen, wie schon allein an dem bereits erwähnten Beispiel der Abtreibung

deutlich wird, obwohl noch weit dramatischere Beispiele anzu-
führen wären. Vielen Menschen, nicht nur hier, fiele es sicher
schwer, mit jemandem zu Abend zu essen, der voller Stolz
und in aller Ruhe erzählt, mehrere Menschen umgebracht
oder kleine Kinder getötet zu haben ... Meiner Meinung nach
würde niemand von uns neben einem ehemaligen SS-Mann
sitzen wollen, der erzählt, wie er jüdische Kinder in die Ver-
brennungsöfen geworfen hat. Aber niemand von uns hätte
wohl Schwierigkeiten, mit einer Frau zu Abend zu essen, die
abgetrieben hat – egal, ob wir gegen die Abtreibung sind oder
nicht und wissen, daß es sich um schmerzliche Entscheidun-
gen handelt –, denn in diesem Fall sind wir nicht der Meinung, mit einer Mörderin am Tisch zu sitzen.

Es gibt also diese zutiefst rationale Überzeugung, und sie
ist weit verbreitet, daß Mord und Abtreibung nicht auf der
gleichen Stufe stehen. Für denjenigen dagegen, der an die
Schöpfung glaubt – und nicht bloß an Schöpfung als solche,
sondern an eine ganz bestimmte Art der Schöpfung –, kann
Abtreibung Mord sein. Denn der gläubige Christ und der
Nichtchrist sind nicht nur darüber uneins, was Mord ist. Ich
beispielsweise finde die Vorstellung, Abtreibung sei Mord,
einfach abstoßend, denn ich würde beides niemals auf eine
Stufe stellen, und ich persönlich halte eine solche Einstellung
sogar für unmoralisch.

Doch auch die Welt der Christenheit ist nicht einheitlich,
denn in Italien setzen wir gewöhnlich Christentum mit Katholizismus gleich. Aber die Waldenser zum Beispiel halten Abtreibung keineswegs für Kindermord, sie schließen nicht einmal Euthanasie aus, ein Thema, auf das wir zurückkommen
müssen. Kardinal Tettamanzi, der für die Kirche ebenso eine
wichtige Rolle spielt wie Kardinal Ratzinger und einer der
wichtigsten katholischen Experten für Bioethik ist, kritisiert
die Waldenser aus diesem Grund.

Der christliche Glaube allein ist also keine ausreichende
Grundlage, um zu einem gemeinsamen Standpunkt zu kommen. Es genügt nicht einmal, wenn man außer an die Schöp-

fung auch an die Menschwerdung des Gottessohnes Jesus Christus glaubt, der am Kreuz gestorben und wiederauferstanden ist usw.

Daran wird deutlich, wie absurd es ist zu behaupten, der Standpunkt einer der christlichen Kirchen stimme mit dem Naturgesetz überein. Dieser Anspruch führt zu einer Mißachtung des Pluralismus.

Gad Lerner: Ich fürchte, Paolo, wir werden nicht alle Themen, die du angeschnitten hast, behandeln können, denn es ist schon spät. Aber ich glaube, Kardinal Ratzinger sollte zu Wort kommen ...

Joseph Ratzinger: Ja, ich danke Ihnen für diese Bemerkung, und ich will mich kurz fassen, denn ich bin ja schon etwas älter und fühle mich erschöpft.

Aber es ist schwierig, kurz zu antworten. Ich habe zu zeigen versucht, warum für einen Christen, abgesehen vom Glauben, der Geist gegenüber der Materie Priorität hat, was heißt, daß in der Materie Vernunft waltet und es eine Schöpfung gibt. Aber Flores d'Arcais hat natürlich recht damit, daß diese Vorstellung der Schöpfung nicht von allen Menschen geteilt wird.

In diesem Sinne könnte sie keine Grundlage für gemeinsames Handeln sein. Denn so war es schon in der Antike. Die Kirchenväter übertrugen einen Begriff des Glaubens auf einen philosophischen Begriff, nämlich Natur, der nicht aus dem Glauben stammt, sondern eben ein philosophischer Begriff ist. Doch so konnten sie sich mit den Stoikern verständigen, in deren Philosophie es keinen Schöpfer und auch keine Schöpfung gibt. Der Stoizismus sah aber das Sein als solches, sagen wir, als heilig an, und darin lag eine für alle gültige Botschaft. Daher war der Begriff »Natur« leicht zu verwenden und akzeptabel auch für Nichtchristen. So hat der Begriff »Natur« ins theologische Vokabular und die Lehre Einzug gehalten als pilosophisches Element, das von den tiefergehenden Glaubensinhalten unabhängig ist.

Deshalb sollten wir über die Nützlichkeit und Rationalität dieses Begriffs künftig weiter in dem Sinne diskutieren, daß die Natur als solche eine moralische Botschaft enthält und unserem Handeln Grenzen setzt.

Und die Ökologiebewegung hat dies, wie mir scheint, angesichts der Zerstörungen auf der Welt und der Gefahren, die uns drohen, schon begriffen: Die Natur trägt eine Botschaft in sich, auf die wir hören müssen. Ich glaube, heute können wir mit all unseren Erfahrungen einer zerstörten Natur in einer neuen Welt dies als eine Botschaft verstehen, die uns alle angeht, denn es ist eine Botschaft der Vernunft und der Erfahrung. Die Beachtung dieser Botschaft gibt uns ein Fundament für unser Handeln und zeigt uns die Grenzen unserer Entscheidungsfreiheit auf.

Deshalb bin ich nicht damit einverstanden, diese von den großen aus der Aufklärung hervorgegangenen Texten als unverletzlich bezeichneten Rechte nur als Bürgerrechte zu bezeichnen, die in unserer Entscheidungsgewalt liegen. Wenn wir darüber entscheiden können, können wir sie auch wieder ändern. Aber sie dürfen nicht geändert werden, um die Menschheit und die Achtung des Menschen vor dem Menschen nicht zu zerstören. Das Argument, daß diese Werte jahrhunderte-, ja jahrtausendelang keine Gültigkeit hatten, zählt für mich nicht, denn der Mensch kann wider die Natur handeln, das erfahren wir zur Genüge.

Wenn der Mensch die Botschaft der Natur nicht akzeptieren will, bedeutet dies keineswegs, daß es diese Botschaft nicht gibt. Meiner Meinung nach dürfte es nicht so schwierig sein, den Menschen als ein Geschöpf zu begreifen, als ein besonderes Wesen, das in sich eine Würde trägt, die wir im anderen stets respektieren müssen, auch wenn er uns wertlos, unsympathisch oder anders erscheint.

Und ich möchte noch etwas sagen. Flores d'Arcais hat gesagt, er betrachte denjenigen, der Abtreibung für Mord hält, als unmoralisch. Das kann ich nicht akzeptieren. Ich kann seine Bedenken in dieser Frage verstehen. Doch wir beharren darauf, daß es sich um ein sehr schwaches, abhängiges menschliches Wesen handelt, dessen Tötung bedeutet, einen Menschen zu töten, und deshalb appellieren wir an das Gewissen und die Reflexion der Menschen. Eine solche Haltung kann man unter keinen Umständen als unmoralisch bezeichnen.

Nach Ansicht von Flores d'Arcais dürfte keine der christlichen Wertvorstellungen als allgemeingültig anerkannt werden. Ob wir sie nun als christlich bezeichnen wollen oder nicht, diese natürlichen Rechte des Menschen sind die Grundlage unserer aufgeklärten Kultur, die aus dem Christentum erwachsen ist. Aber sie sind eben zugleich wirklich allgemein menschliche Werte, das größte Erbe unserer Kultur, das wir mit ganzem Herzen und mit unserer ganzen Vernunft verteidigen müssen.

Gad Lerner: Die zwei Stunden sind wirklich wie im Flug vergangen, und wir würden wohl am liebsten noch lange weiterdiskutieren. Aber wenn Kardinal Ratzinger einverstanden ist, möchte ich wenigstens noch eine Frage an jeden von Ihnen stellen, nicht mehr. Meine abschließende Frage an Paolo Flores ist die, die ihn wahrscheinlich dazu veranlaßt hat, ein ganzes Heft seiner Zeitschrift in einer Auflage von 100.000 Stück dieser Diskussion und dieser Auseinandersetzung zu widmen.

Haben Sie nicht den Eindruck, eine Krise des aufgeklärten, laizistischen Denkens zu erleben, das in den zurückliegenden zweihundert Jahren die Religionen nicht in den Hintergrund drängen konnte – sondern höchstens zu ihrer Weiterentwicklung beigetragen hat – und sie heute wieder als erstarktes Gegenüber vor sich sieht? Warum halten Sie es für notwendig, sich mit diesem erstarkten Denken auseinanderzusetzen und es an jedem einzelnen Punkt seiner Entwicklung zu widerlegen?

Paolo Flores d'Arcais: Das habe ich eigentlich schon anfangs gesagt. Weder ich, noch, so glaube ich, irgendein laizistischer und atheistischer Denker hegt den Ehrgeiz, religiöse Überzeugungen vollkommen in den Hintergrund zu drängen.

Das haben nicht einmal die Aufklärer versucht, denn sie waren fast alle gläubig – sie hingen nicht einer bestimmten

Religion an, glaubten aber an einen Schöpfergott. Ich fände es lächerlich und bizarr, sich dafür einzusetzen, Gläubige zu »entbekehren«. Es gibt wirklich Dinge im Leben, die einen wie mich mehr begeistern könnten als so etwas.

Mit Menschen zu diskutieren, die gläubig sind, ist meiner Meinung nach wegen all der Themen wichtig, die wir leider heute nicht mehr alle anschneiden können, die aber zu unlösbaren Konflikten führen können und die Gefahr der Intoleranz heraufbeschwören, sobald der Glaube beansprucht, nicht nur Glaube, sondern auch Vollendung der Vernunft zu sein.

Ich erkenne durchaus an, daß die Christen in wichtigen gesellschaftlichen Fragen wie der Unterstützung für Randgruppen, für die Ärmsten und der Pflicht zur Solidarität den Nichtchristen voraus sind. Es ist wahrscheinlich sehr viel schwerer, ohne Glauben auf den Egoismus zu verzichten und sich für die anderen zu opfern. Ich will es aber nicht unmöglich nennen. Kirchenfremde Freunde haben mich oft gefragt, warum ich in dieser Hinsicht so skeptisch sei. Unzählige Nichtgläubige haben ihr Leben für Werte geopfert, das ist ganz unbestreitbar.

Wir leben in einem demokratischen Land, weil vor fünfzig Jahren Menschen, vor allem junge Menschen, die nicht religiös waren und deshalb nicht an ein Leben im Jenseits, sondern nur an dies eine Leben glaubten, ihr Leben im Kampf gegen den Faschismus geopfert haben, um uns eine demokratische Zukunft zu sichern. *(Applaus)* Daher wäre es ganz falsch zu behaupten, ein Nichtchrist oder Atheist könne sein Leben nicht opfern.

Ich habe jedoch den Eindruck, es sei leichter oder zumindest weniger schwierig für die Nichtchristen, in außerordentlichen Situationen ein Opfer zu bringen, als die kleinen, alltäglichen Opfer. Es ist beispielsweise unbestreitbar, daß ehrenamtliches Engagement, eine der wenigen wirklich positiven Erscheinungen unserer Gesellschaft, vor allem von Christen getragen wird. Doch es gibt natürlich auch Nichtgläubige in Italien und in der ganzen Welt, die sich sozial engagieren. Man braucht nur an »Ärzte ohne Grenzen« zu denken.

Trotzdem bleibe ich zutiefst davon überzeugt, daß man eine grundsätzliche Diskussion über die Frage führen muß, die in allen von Kardinal Ratzinger berührten Themen aufgetaucht ist, und die lautet: Inwieweit hält der Christ seinen Glauben für identisch mit der Vernunft und schließt daher aus, daß man mit Vernunftgründen zu einer anderen Wahrheit oder widerstreitenden Ansichten gelangen kann. Wenn dem so ist, besteht die Neigung, die eigene Auffassung aufzuzwingen, notfalls mit Gewalt, sobald sich die Möglichkeit dazu bietet.

Denn, sehen Sie, die Behauptung, die Natur enthalte eine Botschaft, ist widersinnig. Leider gibt uns die Natur keine Botschaft. Glücklicherweise haben sich einige Minderheiten in den letzten Jahrzehnten bewußt gemacht, daß die Natur, obwohl sie uns nichts sagt, nicht unerschöpflich ist. Das hat aber keineswegs die Natur uns gesagt. Wir sind es, einige von uns, die zum Glück darüber nachgedacht haben. Die Vorstellung, es gäbe Werte, die wir nicht in Frage stellen sollten, weil wir denken, sie seien ein Diktat der Natur und nicht unsere eigene bewußte Entscheidung, entheht den Menschen meiner Meinung nach seiner Verantwortung. Um jenen Kern von unverzichtbaren Rechten zu verteidigen, dürfen wir nicht denken, sie seien der Natur eingeschrieben, denn das verleitet uns dazu zu glauben, sie würden – da sie ja Naturrechte sind – früher oder später anerkannt werden.

Nein. Sie sind so wenig »natürlich«, daß sie das Ergebnis einer mühevollen historischen Entwicklung und der Opfer vieler Generationen sind. Und gerade deshalb, gerade weil wir nicht auf sie verzichten wollen für unser Zusammenleben und wissen, daß sie nur auf unseren eigenen Schultern ruhen, gerade deshalb müssen wir sie unnachgiebig Tag für Tag verteidigen. Denn wir wissen, daß wir für diese Werte die volle Verantwortung tragen.

Wenn wir sie dagegen als Teil des kosmischen Ganzen betrachten, dann entledigen wir uns dieser Verantwortung und öffnen, so glaube ich, der Rückkunft von Dingen Tür und Tor, die wir unter allen Umständen vermeiden wollten.

Soviel dazu. Es tut mir sehr leid, daß wir schließen müssen, denn ich hätte gerne noch mit Kardinal Ratzinger über viele andere Fragen diskutiert, die eng mit den berührten Themen zusammenhängen. Doch sicher werden wir noch andere Gelegenheiten finden. Und ebenso sicher wird *MicroMega* weiterhin auch für die Darstellung Ihres Blickwinkels offen sein, auch wenn ich ihn nicht teile. *(Applaus)*

Gad Lerner: Kardinal Ratzinger, Sie sprechen – wörtlich – von der tiefen Krise des europäischen Christentums und halten als zentrale Antwort auf diese Krise die Wiederherstellung des Begriffs der Wahrheit, der *religio vera,* für notwendig. Sie beziehen sich dabei auf das Zweite Vatikanische Konzil, das große Unruhe in der Kirche ausgelöst habe. Sie sagen wörtlich, es war ein chirurgischer Eingriff, der nicht notwendig Heilung bedeutet.

Als junger Theologe waren Sie bekanntermaßen voller Begeisterung am Konzil beteiligt und haben sich, sagen wir, für die Erneuerung stark gemacht. Sieht der Kardinal Ratzinger von heute, also vierzig Jahre später, in diesem Ereignis ein Element der Krise des europäischen Christentums? Haben Sie Ihre Einstellung geändert?

Joseph Ratzinger: Nein. Nach wie vor halte ich dieses Engagement für notwendig, denn für die Sprache und das Denken der Theologie mußten neue Wege geöffnet werden. Man mußte einen neuen Zugang zur Welt, eine neue Glaubenstiefe und vor allem einen Dialog mit unseren Brüdern, mit den nichtkatholischen Brüdern suchen.

In diesem Sinne war das Konzil unerläßlich notwendig. Doch mein Vergleich mit dem chirurgischen Eingriff wollte auch deutlich machen, daß ein positives Ereignis nicht notwendigerweise auch sofort die erhofften positiven Ergebnisse bringt. Für diese Einschätzung habe ich einen großen Vorgänger, den großen Theologen Gregor von Nazianz, den man sogar als *den* Theologen bezeichnet hat. Aufgrund seiner Erfahrungen mit früheren Konzilien antwortete er auf die Einladung des Kaisers zum Konzil von Konstantinopel, er werde nie mehr ein Konzil besuchen, denn da würde nur Verwirrung gestiftet. Das war seine Befürchtung.

Ich würde mich nicht so ausdrücken wie Gregor von Nazianz. Ein Konzil ist als Botschaft, als Entscheidung, sagen wir, als tiefer Eingriff in das Leben der Kirche notwendig, gleichzeitig aber entstehen auch neue Schwierigkeiten, und wir befinden uns jetzt in einer Phase, in der wir mit diesen Schwierigkeiten fertig werden müssen.

Paolo Flores d'Arcais: Auch deshalb, weil bei diesen frühen Konzilien am Ende immer die Kaiser entschieden haben. Glücklicherweise entscheiden heute die Bischöfe (*Gelächter, Applaus*).

Gad Lerner: Ich danke Ihnen allen sehr herzlich für dieses Gespräch.

Paolo Flores d'Arcais

EINE KIRCHE OHNE WAHRHEIT?

»...weil der Glaube eben da beginnt, wo das Denken aufhört.«
(Kierkegaard)[1]

Interessiert sich die katholische Kirche noch für den Wahr-
heitsgehalt des Glaubens, den sie doch für wahr erklärt? Diese
Frage ist weder paradox noch provokativ, sondern geht von
der gegenwärtigen Situation aus und will diese bis zu Ende
denken. Ohne Ausflüchte zuzulassen, die jede Auseinandersetzung zwischen Gläubigen und Nichtgläubigen zu einer
lächerlichen Farce degradieren würden.

Der Kern der Sache ist: Der Katholizismus beansprucht für
seine Glaubensinhalte die Wahrheit, die *rationale* Wahrheit,
und zwar soweit, daß man ansonsten »außerhalb der geoffen-
barten Wahrheit und letzten Endes außerhalb der reinen, einfachen Wahrheit« stünde (*Fides et ratio*, § 73)[2]. Dennoch gehen
Kirche und katholische Kultur, obwohl sie angeblich den Dialog mit Nichtchristen suchen, systematisch den Entgegnungen,
die moderne Skeptiker und Atheisten formulieren, aus dem
Wege. Man versucht nicht einmal, Gegenargumente zu finden,
um sie zu widerlegen und ihre Fehler aufzuzeigen, und vermeidet es, das Problem der Wahrheit zum »Objekt« einer rationalen oder kritisch-empirischen Argumentation zu machen.

Eine solche Weigerung wäre nur unter zwei Umständen be-
rechtigt: Wenn die katholische Kirche davon ausgehen könnte, daß die skeptischen oder atheistischen Einwände (von
Hume über Freud bis Monod) gegen die »Gottesbeweise« von
Anselm von Canterbury und Thomas von Aquin (und viel-

leicht Teilhard de Chardin) ausreichend beantwortet worden sind. Dann wäre es »wünschenswert« (ja eine Pflicht der Vernunft!), »daß sich Theologen und Philosophen von der einzigen Autorität der Wahrheit leiten lassen und eine Philosophie erarbeiten, die im Einklang mit dem Wort Gottes steht.« (*Ebd.*, §79.) Oder aber wenn die Kirche im Gegenteil radikal auf jeden weltlichen Nachweis der Wahrheit ihres Glaubens verzichten und voller Stolz den Worten ihres großen Apostels folgen würde: »Denn da die Welt angesichts der Weisheit Gottes auf dem Weg ihrer Weisheit Gott nicht erkannte, beschloß Gott, alle, die glauben, durch die Torheit der Verkündigung zu retten.« (1.Kor. 1,21.) Für Paulus (und damit die älteste Quelle des Neuen Testaments) gibt es demnach zwei einander entgegengesetzte und miteinander unvereinbare Weisheiten: entweder Vernunft oder Glauben, der für die Vernunft Torheit ist, während für den Glauben die Vernunft Torheit ist. Aut aut. Die Wahrheit des Glaubens läßt sich nicht beweisen, sondern nur in den Satz fassen: *Credo quia absurdum*.

Keine der genannten möglichen Verhaltensweisen trifft auf die Kirche zu. Nach dem Vorbild einiger Theologen des zweiten Jahrhunderts betrachtet die Kirche seit Augustinus den Glauben zweifellos nicht mehr als eine Torheit gegenüber der Vernunft, sondern als deren Überwindung und Vollendung. Die Wahrheit des Glaubens übertrifft die Vernunft, in dieser Überlegenheit nimmt sie alle Wahrheit der wahren Vernunft auf und führt sie zur Vollendung. Deshalb »muß der Philosoph nach eigenen Regeln vorgehen und sich auf seine eigenen Prinzipien stützen; die Wahrheit kann jedoch nur eine sein.« (*Ebd.*, § 79.)

Die Entgegnungen der Skeptiker und Atheisten gegen die rationalen »Beweise« der Glaubenswahrheiten sind in Wirklichkeit so wenig widerlegt, daß sie fast immer den impliziten Horizont der Auseinandersetzung zwischen Christen und Nichtchristen bilden, eine Art interiorisierter Desillusionierung und stillschweigend vorausgesetzter Diskussionshintergrund. Karol Wojtyla betont, daß »der Heilige Thomas ein authentisches Vorbild für alle ist, die nach der Wahrheit suchen«. (*Ebd.*, § 78.) Doch kein Katholik würde im Ernst dessen »Weg« beschreiten, um einen Nichtchristen zu überzeugen. Auch wenn er auf Kant zurückgreift, so kann es nur die *Kritik der praktischen Vernunft* sein, in der die Existenz Gottes nicht »bewiesen« (diese Möglichkeit hat Kant schon in der *Kritik der reinen Vernunft* widerlegt), sondern lediglich als Postulat und »Annehmung«[3] für die Möglichkeit des höchsten Gutes eingeführt wird (der Glaube als »freies Fürwahrhalten«[4], ein Bedürfnis mithin, damit die Welt der Natur auch ein Reich der Ziele sei und Sinn und Zweck hat). Und wenn er von einem Logos als Grundprinzip des Universums spricht, dann bezieht sich dies nur vage auf eine anthropische Hypothese.

Es liegt demnach keiner der möglichen Umstände vor, die es den Christen erlauben würden, sich dem Streit um die »Beweise« für die Wahrheit ihres Glaubens nicht zu stellen (dies gilt wenigstens für den »natürlichen« Gottesbeweis: Gott als unsterbliches Wesen, die Welt als zielgerichtete Schöpfung). Trotzdem setzt sich die katholische Welt inzwischen ausschließlich mit dem Teil der (vor allem philosophischen) Kultur auseinander, der sich – teilweise leidenschaftlich – um die Religion bemüht, und läßt die Frage des Wahrheitsgehalts ihrer Glaubenssätze vollkommen links liegen. Sie stellt diese überhaupt nicht zur Debatte, weil sie das Problem verdrängt. Debatten zwischen Christen und Nichtchristen drehen sich ausschließlich um den Sinn (wenn nicht sogar nur um die Funktion) der Religion, um die Symbole und die Hermeneutik des Glaubens. Als ob die Auseinandersetzung oder der Dialog (wenigstens für den Gläubigen) nicht gerade in dem Moment vollkommen sinnlos würde, in dem das Thema der Wahrheit der Glaubensinhalte ausgeklammert ist, vor allem der Wahrheit (oder Illusion) eines Lebens im Jenseits und des irdischen Lebens als bloßem Schein und Vorstufe zum wahren, nämlich dem ewigen Leben.

Nur wenn das ewige Leben als Richtschnur für das ganze irdische Leben für wahr (oder eben illusorisch) gehalten wird, kann man die Gleichgültigkeit in Glaubensdingen mit Pascal als »Torheit und Blindheit« brandmarken. »Die Unsterblichkeit der Seele ist eine Sache, die uns soviel angeht und die uns so tief berührt, daß man alles Gefühl verloren haben muß, um gleichgültig darüber zu sein, ob man weiß, was daran ist. Alle unsere Handlungen und alle unsere Gedanken müssen so verschiedene Richtungen nehmen, je nachdem es ewige Güter zu hoffen gibt oder nicht, so daß es unmöglich ist, einen Schritt zu tun mit Sinnen und Vernunft, ohne ihn zu bestimmen durch die Hinsicht auf diesen Punkt, der unser erster Gegenstand der Betrachtung sein muß.« Denn nach Pascal ist »unser Leben nur ein Augenblick, der Tod aber ewig, wie auch immer seine Natur sein mag«[5].

Die bevorzugte Hermeneutik

Ob uns ein ewiges Leben erwartet (auch für unseren Leib, der auferstehen wird) oder ob der Tod ihm ein Ende bereitet; ob es einen allmächtigen Gottvater, Schöpfer und Herrn von Himmel und Erde gibt: Um diese Fragen kümmert man sich bei den ansonsten durchaus verdienstvollen theologischen Lehrveranstaltungen und den immer zahlreicheren Diskussionen mit Nichtchristen überhaupt nicht mehr. Diese wenden sich fast ausschließlich an diejenigen Nichtchristen, die skeptische und atheistische Denktraditionen verachten und in ihrer eingefleischten Feindschaft gegen die Aufklärung päpstlicher als der Papst sind. Es sind bestimmte Nichtchristen, die der katholischen Kirche keine Fragen über die rationale Herleitung und Beweisbarkeit ihrer Glaubensinhalte mehr stellen. Das »Nicht« ihrer Selbsteinschätzung klingt deshalb nicht nur anbiedernd, sondern vor allem sinnlos, da sich diese »nicht«-christlichen Philosophien wesentlich dadurch auszeichnen, daß sie jeden Einwand gegen die Glaubenswahrheiten der katholischen Kirche als »primitiv und vulgär« betrachten.

Der Papst nennt den heiligen Thomas von Aquin als Vorbild für rationales Denken. Der heilige Thomas und Heidegger werden beim Dialog von Gläubigen und »Nicht«christen dieser Art gern unisono als Vertreter einer reifen Theologie genannt (oder vielleicht einer theologischen Konkurrenz: vgl. zum Beispiel: B. Forte und M. Cacciari, in: B. Forte, *Trinità per atei*, Mailand 1996). Auf diese Weise stellt sich der Katholizismus immer weniger dem Nein zur Wahrheit Gottes (und der unsterblichen Seele), sondern einfach dem philosophischen Ja einer anderen Theologie, die einen *deus absconditus*, einen letzten Gott, einen Gott der Zukunft und *semper adveniens*, oder wie immer man seinen Gott nennen (oder nicht nennen) mag, beschwört.

Die Wahl des Gegners spiegelt aber auch die eigenen Überzeugungen: Man will wirklich nur das bewahren, was man für verteidigenswert hält. Die Einwände einer überwältigenden Denktradition, für die Namen wie Hume, Freud und Monod stehen, werden verdrängt, und man setzt sich stattdessen mit Hermeneutik und einer Philosophie in der Nachfolge Heideggers auseinander. Damit beweist die katholische Kirche, daß sie trotz gegenteiliger Behauptungen ihre Lehre als Lebenshilfe und nicht als Wahrheit verstanden wissen und proklamieren will. Und wenn es dennoch um die Wahrheit geht, dann nur um den Sinn des Lebens. Wenn sich die Wahrheit aber auf die Sinnsuche beschränkt, dann begibt sie sich auf schlüpfriges Terrain. Denn dann ist jeder Sinn, sofern er funktioniert, ipso facto »Wahrheit«. Darauf werde ich zurückkommen.

Worte sind letztlich Taten, denn die Kirche wählt auf diese Weise ihre Gesprächspartner bzw. Gegner aus. Deshalb wäre zunächst zu klären, warum der Katholizismus es inzwischen für unnötig hält, den Wahrheitsbeweis seiner Glaubensinhalte anzutreten, und nur noch bereit ist, über das »Fundament« zu diskutieren, das der Glaube dem Sinn des Lebens geben kann. Offensichtlich empfindet er die Einwände gegen die Wahrheit seiner Dogmen nicht mehr als Bedrohung, seitdem diese nicht mehr von Ideologien (innerhalb des Spektrums der Marxismen) oder von vorübergehend herrschenden Philosophien, wie dem atheistischen Existentialismus und der analytischen Philosophie, oder vom Prestige einer alles durchdringenden naturwissenschaftlichen Doktrin wie dem Darwinismus ausgehen. Die Wahl der Gesprächspartner sagt uns, daß die Kirche heute einzig und allein den Skeptizismus der Konsumgesellschaft, den praktischen »Atheismus« des Hedonismus und seine »satte und verzweifelte« Gleichgültigkeit fürchtet. Um hier zu »bekehren«, setzt sie bei den Emotionen und Bedürfnissen an, nicht bei der Vernunft. Ausgangspunkt ist die Sinnleere, die der Konsumismus der Wohlstandsgesellschaft mit sich bringt: Es geht einzig und allein um die unhaltbare Gleichgültigkeit und den »Mangel« an Sinnhaftigkeit.

Trotzdem bleiben die Einwände bestehen. Der Katholizismus glaubt, mit dem Atheismus von Hume über Freud bis Monod allein deshalb fertig zu sein, weil er ihn mit dem Sieg über den Kommunismus hinter sich gelassen hat. Diese leichtfertige Haltung gründet sich auf eine Reihe von gewagten Gleichungen: Da der Kommunismus sich als marxistisch und Marx sich als atheistisch bezeichnet hat, bedeutet der Fall der Mauer den Zusammenbruch jeder Form von Atheismus. Der atheistische Existentialismus eines Sartre habe sich dadurch selbst diskreditiert, daß er sich (im Namen des gemeinsamen Humanismus!) zu einer zwar stets ketzerischen (in Wirklichkeit: respektvoll rebellierenden) Geschichtsauffassung gewandelt hatte, wie sie jedoch im real existierenden Kommunismus von Stalin bis hin zu Mao verkörpert war. Doch der auf diese Weise zerstörte »Atheismus« ist keineswegs jener der empirischen Skepsis, sondern ein »Glaube« mit umgekehrten Vorzeichen und allen Merkmalen einer Ersatzreligion, der die Logik der eigentlichen Religion nachahmt und reproduziert. Die Kritik an diesen Surrogatreligionen wird deshalb zugleich zur Kritik der Religion *tout court*, denn sie verdeutlicht die Gefahr des Totalitarismus, die in jedem Denken lauert, das Totalität behauptet, in jeder Logik göttlichen Wirkens, in jeder Offenbarung und jeder Botschaft aus dem Jenseits. Denn damit wird immer auf eine Autorität verwiesen, die über dem einzelnen steht, der solche Glaubenssätze formuliert.

Die Kritik des Skeptizismus und Atheismus an der Beweisbarkeit religiöser Wahrheit ist so bekannt, daß sie sich in wenigen Zeilen abhandeln läßt. Für den »Tod Gottes« hat man nicht zu Unrecht Kant verantwortlich gemacht, denn er erklärte die Wahrheiten der natürlichen Religion (Gott und eine unsterbliche Seele) einfach als Mißbrauch unserer intellektuellen Fähigkeiten: Unser Erkenntnisvermögen ist diskursiv, denn unsere Erfahrung ist a priori an Raum und Zeit gebunden. Jedes Überschreiten dieser Grenzen ist daher illusorisch und jede Behauptung willkürlich, so daß nur Antinomien herauskommen können, die alles und sein Gegenteil rechtfertigen: Träume, *wishful thinking,* Chimären – und auch Monster. Kants Widerlegung des ontologischen Gottesbeweises von Anselm von Canterbury bleibt unangreifbar, auch wenn Hegel damit nicht einverstanden war. Für Anselm war der Begriff Gott das »quo maius cogitari nequit« [über das Größeres nicht gedacht werden kann], aber auch »maius quam cogitari possit« [größer als etwas gedacht werden kann] (mithin eigentlich undenkbar). Dazu bemerkte Kant trocken: »Hundert wirkliche Taler enthalten nicht das mindeste mehr, als hundert mögliche«[6]: Das Entscheidende ist die Existenz, die nicht nur Prädikat und niemals im Begriff enthalten ist, nicht einmal im Begriff Gottes.

Schon Hume hatte im übrigen die Unhaltbarkeit sowohl der »a posteriori«- als auch der »a priori«-Gottesbeweise gezeigt: Es ist keine Analogie möglich zwischen unserer Erfahrung der Hervorbringung von Dingen (ein Haus setzt zum Beispiel einen Baumeister voraus) und der »Hervorbringung« der Welt (der Kosmos als Uhrwerk setzt einen Großen Uhrmacher voraus, einen Schöpfergott mit einem bestimmten Willen). Jede Beziehung von Ursache und Wirkung impliziert, daß für diesen Zusammenhang eine Erfahrung besteht, aber niemand hat je den Großen Uhrmacher beim »Bau« des Kosmos beobachtet. Der Analogieschluß, es müsse einen schöpferischen

Willensakt geben, ist eine *petitio principii*, ein Zirkelschluß, der das voraussetzt, was er zu beweisen vorgibt. Wie soll im übrigen, wenn alles einen Grund haben muß, eine nicht geschaffene *causa sui* denkbar sein? Auch sie muß wiederum ihren Grund haben, und so gelangt man zu einer *regressio ad infinitum*. Wenn dagegen diese *causa sui* denkbar wäre, warum könnte es dann nicht der Kosmos selbst sein (konsequenterweise der *Deus sive Natura* von Spinoza)?

Es ließen sich noch viele Beispiele anführen, denn Skeptizismus und Atheismus gehen bis ins Detail, um alle »Beweise« der natürlichen Theologie zu widerlegen. Freud bemüht sogar den Haushalt der Psyche, um zu erklären, warum solche illusorischen »Beweise« angetreten werden. Wenn diese Gegenbeweise neuerdings als banal, »primitiv und vulgär«, als dogmatisch-ästhetisch unannehmbar, unzutreffend und »veraltet« gelten, dann wird das Entscheidende ausgeblendet: Sie sind banal und basieren auf dem gesunden Menschenverstand, denn sie sind offensichtlich und wurden nie widerlegt. Heute mögen die Argumente der Skeptiker und Atheisten zwar banal und offenkundig klingen, doch um sie ans Licht zu bringen, bedurfte es bis in die jüngste Vergangenheit unglaublicher intellektueller Kühnheit und persönlicher Tragödien (ganz abgesehen von massenhaften Leidensgeschichten): Noch vor wenig mehr als zweihundert Jahren durfte Hume diese »Banalitäten« zu Lebzeiten nicht veröffentlichen, und unzählige, die derartiges auch nur anzudeuten gewagt hatten, waren »offensichtlich« auf dem Scheiterhaufen geendet (ein Schicksal, das wahrscheinlich viele Denker davon abhielt, solche Hypothesen auch nur vor sich selbst zu formulieren).

Das Ärgernis der Theodizee

Ganz zu schweigen von den noch viel verheerenderen Widerlegungen derjenigen Gottesbeweise, die nicht einen aseptischen Philosophengott (als erster unbewegter Beweger, *causa sui,* Großer Uhrmacher) belegen wollen, sondern einen unendlich guten und allmächtigen Gott, der sich der Sterblichen »annimmt«. Es geht um die Frage der »Theodizee«, die angesichts des Bösen in der Welt die Existenz Gottes rechtfertigt. Alle philosophischen Wörterbücher bieten Beispiele der Widerlegung dieser Theodizee, die bis zu den Stoikern und Epikureern zurückreichen. Epikur polemisierte dagegen folgendermaßen: »Entweder will Gott das Böse aus der Welt nicht entfernen und kann es nicht, oder er kann es und will es nicht, oder endlich will und kann er es. Will er es und kann es nicht, so ist das ein Unvermögen, das dem Wesen Gottes widerspricht; kann er es und will es nicht, so ist es Bosheit, die seiner Natur nicht minder widerspricht; will er es nicht und kann es auch nicht, so ist es Bosheit und Unvermögen zugleich; will er es aber und kann es auch (was der einzige von allen Fällen ist, der dem Wesen der Gottheit entspricht): woher kommt dann das Böse auf Erden?«[7]

Diese Frage wurde nie beantwortet und ist auch nicht zu beantworten. Es hat zwar viele Versuche gegeben, denn die ganze Metaphysik und das christliche Denken haben jahrhundertelang alle nur erdenklichen Anstrengungen unternommen und das Unmögliche versucht, um eine definitive Antwort zu geben. Doch jeder Versuch hat mehr Probleme aufgeworfen als gelöst wurden. Die radikalste, am wenigsten haltbare und vielleicht letztlich auch unmoralische Version ist die: Das Böse sei nicht, es sei einfach nur ein fehlendes Sein, die irreführende Illusion unserer beschränkten Sichtweise. Wenn diese Behauptung seit Augustinus unter Denkern und Gläubigen so ausdauernd die Szene beherrscht hat, so wird daraus überdeutlich, daß es notwendigerweise keine andere religiöse »Antwort« geben kann als: Verdrängung der Fragestellung, Disqualifizierung und Zerstörung schon im Vorfeld, weil eine wirkliche Antwort unmöglich ist.

Heute würde wohl niemand mehr zu sagen wagen, daß die Vergasung eines jüdischen Kindes in Auschwitz nicht ist, sondern nur »fehlendes Sein« bedeutet, und es wäre wohl auch schwer, sie als *positiven Horror* zu bezeichnen, weil selbst in der bösesten Tat, allein durch ihr Sein, ein Rest von Positivität feststellbar sei. (B. Forte, a.a.O., S. 32.) Eine Religion, die die Schamlosigkeit hätte, die Shoa so darzustellen, würde sich selbst disqualifizieren und könnte weder vor die Gelehrten noch vor die einfachen Menschen (an die sich die Evangelien richten) treten. Doch dazu hätte es der Shoa nicht bedurft: Das Leiden jedes Kindes oder Erwachsenen, die ohne Schuld zu Opfern sei es eines Erdbebens (wie dem von Lissabon im Jahre 1755, das Voltaire zu seiner bissigen Kritik an Leibniz veranlaßte) oder der Ausbreitung von Metastasen werden, ist eine Anklage gegen Gott, die keine Hermeneutik des Buches Hiob widerlegen, für nichtig erklären oder lösen kann.

Noch weniger ist die Erbsünde, die im Ungehorsam gegen Gott besteht, philosophisch begründbar und haltbar. Dieser Ungehorsam ist böse, ja das Böse. Aber Gott hat es zugelassen, ja gewollt, denn er ist allmächtig. Deshalb trägt er dafür die Verantwortung. Er hätte den Menschen anders schaffen, ihn zum Ungehorsam gegenüber Gott unfähig machen und so den Einbruch des Bösen in die Schöpfung verhindern können. Aber ohne die Freiheit des Menschen, so wird eingewandt, ginge die Würde des Menschen verloren und es würde das Gute fehlen. Gerade weil Gott unendlich gut ist, muß er dem Menschen die Freiheit geben, zwischen dem Guten und dem Bösen zu wählen. Doch dieses »muß« ist mehr als problematisch, denn es schränkt die Freiheit Gottes ein. Wenn außerdem die Wahlfreiheit zwischen gut und böse und daher die Freiheit, Böses zu tun, für die Würde des Menschen und das Wohl der Schöpfung wesentlich ist, geraten wir in einen Widerspruch: Die Möglichkeit des Bösen ist notwendig für das Gute (und daher Gott als dem höchsten Gut inhärent). Außerdem: Wenn das Böse aus dem Ungehorsam erwächst, gibt es vor dem Ungehorsam das Böse nicht, sondern nur das vollkommene Gute. Aber auch in diesem Garten Eden der Vollkommenheit muß die Möglichkeit des Bösen schon vorhanden sein, die Freiheit des Menschen, den Apfel zu wählen statt zu gehorchen. Die Möglichkeit des Bösen ist daher die grundlegende Struktur des Seins und fällt mit Gott zusammen. (Wir könnten sogar sagen: Da die Möglichkeit des Bösen die Möglichkeit des Ungehorsams ist, ist der Ungehorsam gegenüber Gott eine Seite der Macht Gottes.)

Nur durch die Erschaffung des Menschen kommt jedoch die Möglichkeit des Bösen in die Welt: so lautet die letzte Verteidigung des Glaubens. Bevor der Mensch erschaffen worden ist, existierte nur das Gute. Das Böse ist jedoch in der Welt bereits vorhanden durch seine bloße Möglichkeit. Wenn die Möglichkeit, das Böse zu wählen, nicht ergriffen worden wäre, hätten wir das Paradies nie verlassen müssen und wüßten nichts vom Bösen. Allein die Möglichkeit des Bösen ist schon ein Böses, das die direkte Gleichsetzung des Seins mit dem Guten zerstört. Aber dieses Böse (seine Möglichkeit, die schon ein Böses ist) ist die Freiheit des Menschen. Wenn man nun behaupten will, daß die Möglichkeit des Bösen nicht selbst schon etwas Böses ist, muß man jedoch festhalten, daß das Fehlen der Freiheit (des Menschen) das schlimmste aller möglichen Übel ist. Die Freiheit des Menschen wäre somit das höchste Gut. Das aber ist unmöglich, da ihre Wahrnehmung – der Ungehorsam – das Böse »schafft«, das Böse ist (an den Früchten werdet ihr den Baum erkennen!). Es gibt keinen Ausweg: Wenn Gott wirklich frei ist – und die Schöpfung *ex nihilo* bedeutet auch dies –, dann hätte er anders handeln (und die Welt vielleicht gar nicht erschaffen) können. Und wenn er wirklich absoluter Herrscher über alles Seiende ist – und Schöpfung *ex nihilo* bedeutet dies auf jeden Fall –, dann ist er absolut verantwortlich auch für die Freiheit des Menschen zum Bösen. Denn wenn er nicht verantwortlich wäre, würde unsere Entscheidung den absoluten Charakter seiner Souveränität zerstören. Weit davon entfernt, der »Allmächtige« zu sein, wäre Gott dann ohnmächtig gegenüber dem jämmerlichen Willen des Menschen. Und wenn er den Menschen frei erschaffen mußte, würde unsere Freiheit über die seine entscheiden, so daß Gott nicht mit seiner, sondern mit unserer Freiheit in eins fiele.

Doch der Gläubige gibt nicht nach und wiederholt unermüd-
lich: Um nur das Gute (und nichts Böses) zu schaffen, hätte
Gott uns ohne Freiheit erschaffen müssen, also auch ohne das
Gute. Konnte Gott also bei seiner Schöpfung nur zwischen
zwei Übeln wählen? Hätte er nicht vielleicht die Welt auch
ohne den Menschen lassen können? Und wenn er ein Übel
wählen mußte (das mit der Schöpfung und dem Geschöpf
»Mensch« als ihrer Vollendung verbunden ist), hätte er dann
nicht ganz auf die Schöpfung verzichten können? Wenn er dagegen all dies tun mußte (die Welt und den Menschen erschaffen), inwiefern wäre er dann frei? Alles Seiende wäre dann als
Notwendigkeit Gott auferlegt, ein erzwungener Deus, ein Deus,
der unvermeidlich *sive natura* [wie die Natur] oder von der Natur ununterscheidbar wäre. Warum sollte es im übrigen für
Gott unmöglich sein, die Freiheit des Menschen und die Notwendigkeit zu versöhnen, diese Freiheit nur zum Guten zu benutzen? Sogar ein Sterblicher wie wir alle, der sich in Amster-
dam sein Geld mit dem Schleifen optischer Gläser verdiente,
war in der Lage, den Gedanken zu formulieren, unsere Freiheit
sei die andere Seite der Notwendigkeit (und mit Freiheit meinte er die tatsächliche, die wir so erleben, daß wir sie nicht
unterdrücken können, wenigstens *in interiore homine*). Warum
hätte dann ein allmächtiger Gott nicht in der Lage sein sollen,
diese Versöhnung zu realisieren? Es gibt keinen Ausweg: Das
Böse in der Welt widerlegt unweigerlich eines der Attribute
Gottes, entweder die Allmacht oder die unendliche Güte.

Das gläubige Denken gibt sich dennoch nicht geschlagen
und fragt: Wer gibt uns das Recht, unser Kriterium für Gerechtigkeit auf die souveräne Gerechtigkeit Gottes anzuwenden?
So ungeheuerlich es für uns erscheinen mag, wird selbst das
unmenschliche Leiden des unschuldigen Kindes eine Erklärung
finden, wenn wir »im Angesicht« Gottes seine uns heute unerforschliche Gerechtigkeit (*die* Gerechtigkeit!) verstehen können. Jede andere Haltung wäre demnach Gotteslästerung.

Und dennoch: Wenn die göttliche Gerechtigkeit tatsächlich so unverständlich, so radikal unvergleichlich gegenüber der unsrigen wäre (einschließlich aller Bedeutungen, die der Begriff »Gerechtigkeit« bei den Menschen je hatte), warum benutzen wir dann ein und denselben Begriff dafür? Wenn die göttliche Gerechtigkeit tatsächlich unerforschlich und ohne gemeinsamen Maßstab mit der irdischen Gerechtigkeit ist, warum prägen wir dann nicht einen ganz neuen Begriff für diese abgrundtiefe Andersartigkeit, einen Begriff, der die radikale Unvergleichlichkeit mit allen menschlichen Bedeutungen zum Ausdruck bringt? Nennen wir sie nicht mehr Gerechtigkeit, sondern göttliches Überwissen beispielsweise oder Transontologie oder einfach göttliches »X«. Dann nennen wir den Tod eines Unschuldigen nicht mehr gerecht, denn so können wir ihn tatsächlich nicht nennen, da alle, wirklich alle Bedeutungen dies unmöglich machen, trotz der vielen, teilweise einander ausschließenden Unterschiede. Stattdessen nennen wir ihn überwissend oder transontologisch oder x. Daraus würde kein Widerspruch entstehen und kein Skeptiker oder Atheist könnte etwas einwenden, da der Begriff sich auf etwas vollkommen Unbekanntes, nicht einmal durch vage Analogien Herleitbares (und wirklich Unerforschliches) bezöge.

Das würde aber dem Gläubigen keineswegs genügen. Der Gläubige will nämlich die Gerechtigkeit Gottes für gerechter erklären als die der Menschen, auch wenn es anders zu sein scheint. Sogar in erhöhter Potenz möchte er Gott Gerechtigkeit genau in dem Sinn zuschreiben, wie sie für den Menschen definiert ist. Der Gläubige kann auf das Ansehen, die Würde und den Wert dieses Begriffs nicht verzichten. Er will Gott nicht ein unverständliches »x« beimessen, sondern eine übermenschliche Form der menschlichen Gerechtigkeit, die frei ist von den Fehlern und Ungerechtigkeiten, wie sie Menschen begehen. Wenn es jedoch um diese Gerechtigkeit geht, bleibt das Dilemma der Theodizee nach wie vor unausweichlich bestehen: In Gott schließen sich unendliche Macht und unendliche Güte aus. Der Gläubige muß zwischen dem einen und dem anderen wählen. Die Alternative wäre absolutes Schweigen, denn kein Begriff könnte ein derart unauslotbares Geheimnis ausdrücken. Das aber wäre ein entsetztes, kein ekstatisches Schweigen angesichts eines Rauchfadens, der einmal ein Leben wie das unsrige war, aber in Auschwitz zum ausweglosen Schrecken und Sinnbild jedes (unschuldigen) Leidens (an jedwedem Schmerz) geworden ist – Leiden ohne Erlösung, Kreuz ohne Wiederauferstehung. Deshalb notwendig ungläubiges Schweigen.

Das Geheimnis der Erbsünde

In Wirklichkeit sagen uns die unauflösbaren Antinomien der Theodizee etwas anderes: Sie verbergen – und entfalten – unsere absolute Souveränität der Normsetzung und unsere Angst davor, dies (an)erkennen zu müssen. Die Norm, das Sollen, ist in der Natur nicht vorhanden, sondern entsteht erst mit dem Menschen, der im Laufe seiner Geschichte unzählige einander widersprechende und miteinander unvereinbare Normen aufgestellt hat. Alles und das Gegenteil von allem: »Man sieht fast nichts Gerechtes oder Ungerechtes, das nicht seine Beschaffenheit änderte, wenn es das Klima ändert. [...] Diebstahl, Blutschande, Mord der Kinder und der Väter, alles hat seine Stelle gefunden unter den tugendhaften Handlungen.«[8] Deshalb können wir uns – ausgehend von einem seinerseits normativen und hier und jetzt gewählten Kriterium – dafür entscheiden, eine Norm als unzivilisiert zu bezeichnen, nicht aber als unnatürlich, wenn irgendeine gesellschaftliche Gruppe in der Geschichte des Naturwesens *homo sapiens* daraus eine Norm gemacht hat. Wenn wir dagegen die von uns gewählte Norm der »menschlichen Natur« zuschreiben, wären alle diejenigen Menschen (jene Naturwesen, die »nackten Affen«, welche bekanntlich die Evolution hervorgebracht hat), die diese nicht befolgen, aus der »Natur« ausgeschlossen.

Der Mensch ist demnach Schöpfer und Herr der Norm. Doch er findet das Gewicht dieser unermeßlichen Verantwortung unerträglich. Sich als Herr und Meister der Norm anzuerkennen, heißt zu wissen, daß die Welt ohne Sinn ist und das eigene Da-Sein ein zwar notwendiger, aber immer vom Scheitern bedrohter Versuch, unserer Existenz, die von Natur aus keinen Sinn hat, weil sie nur ein unbedeutendes Ereignis in der sinnlosen Geschichte des Universums ist, einen Sinn zu geben. Dies gilt für jeden einzelnen. Aber die Norm, die der Mensch aufstellt, ist vor allem ein Werkzeug, um den gesellschaftlichen Zusammenhalt zu organisieren, denn die Instinkte des »nackten Affen« sind nicht mehr zwingend, sondern offen, im höchsten Grade formbar und unterscheiden nicht mehr zwischen zulässigen und unzulässigen Verhaltensweisen. Die bindende und wirksame Unterscheidung zwischen zulässigen und unzulässigen Verhaltensweisen ist eine wesentliche Voraussetzung für das Handeln der Gruppe, für ihr Zusammenleben und für ihr Überleben. Der Gruppe, die die Meute ersetzt, dient die Norm als bindender Ersatz für die nicht mehr zwingenden Instinkte. Um eine Gruppe zu bilden, muß die Norm unwidersprochen Gültigkeit besitzen, sie darf nicht die Norm »des einen« im Gegensatz zu der »eines anderen« sein, da der Zusammenhalt der Gruppe durch den Zusammenprall der Willensentscheidungen an der Wurzel untergraben würde. Ursprünglich durfte die Norm also nicht von einem Menschen formuliert sein, sondern mußte dem Anbeginn, dem Heiligen oder Gott zugeschrieben und allen als unwandelbar eingehämmert werden.

Daraus folgt: Weder individuell noch gesellschaftlich ertragen wir es zu sein, was wir sind, nämlich Schöpfer und Herren unserer eigenen Normen. Wir müssen uns einbilden, die Norm komme vom Anderen (vom Höchsten, vom Jenseits) und unsere einzige Aufgabe bestehe darin, sie nicht zu verletzen. Diese Verantwortung ist begrenzt, erträglich und leicht zu handhaben. Das Böse entsteht aus der Verletzung (des Ur-Ungehorsams!), und jedes Übel ist Beweis für unsere Schuld, die jedoch durch Opfer, Riten und Strafen getilgt werden kann, um uns vom Übel zu »erlösen«.

Indem wir vor uns selbst verheimlichen, daß wir die Schöpfer unserer Normen – *ex nihilo* – sind (des Guten und des Bösen, allerdings nicht des Leidens, das auch den Affen ohne Adjektiv und alle Lebewesen trifft), befreien wir uns nicht nur von der unerträglichen Angst vor einer Welt ohne Sinn, sondern vermögen sogar dem Leiden, das »instinktiv« als sinn-los erscheint, einen Sinn zu verleihen: Das Übel erscheint jetzt als Strafe für eine Übertretung, vollkommen durchschaubar und gar nicht mehr unerforschlich. Die Beziehung zwischen Übel und Gerechtigkeit wird erst in der Folge rätselhaft, sobald das Heilige nicht mehr jede Faser der Realität und der Existenz durchdringt und zur Religion und zu Gott wird (um so mehr, wenn es dann einziger Gott und Vater wird). Dies geschieht dann, wenn der Zweifel am und die Fragen nach dem Sinn und der Norm (nach der Macht und dem Sein) das allgegenwärtige Heilige in den vorstaatlichen Gesellschaften aus den Angeln gerissen haben. Auch dann noch und solange als möglich – trotzdem und gerade deshalb – klammern sich die Menschen daran, das Übel als die »gerechte« Strafe für ihren Ungehorsam (und schließlich sogar als Erbsünde entspringend aus einer Ursünde) zu betrachten. Sie verschließen die Augen vor den Widersprüchen, die ihre eigenen Fragen ans Licht gebracht haben. Die Lehre von der Erbsünde – eine Deutung der Geschichte vom Garten Eden, die viele Generationen nach Christus entstanden ist – soll vor allem diese Fragen zum Schweigen bringen, ja verhindern, daß sie überhaupt auftauchen.

Doch die Ursünde ist Ungehorsam gegen eine inhaltsleere Norm, die ausschließlich Gehorsam gegenüber dem Schöpfer der Norm fordert. Die Ursünde verweigert sich also dem Verharren in einer Norm, die Gott selbst ist, und seinem bloßen, inhaltslosen Verlangen nach Gehorsam. In der Ursünde ist deshalb ein zwar dunkles Bewußtsein davon vorhanden, daß wir es sind, die die Norm erschaffen (»ihr werdet wie Gott und erkennt Gut und Böse«, Gen. 3,5). Doch es ist besser, ein Werkzeug zu schaffen, um dieses Bewußtsein nicht ganz an die Oberfläche dringen zu lassen. Um die Realität nicht anerkennen zu müssen, daß wir nämlich selbst die Normen erschaffen, entscheiden wir uns dafür, etwas anzunehmen, was nicht Realität ist, aber weitere Fragen verhindert: Schuld. Die Geschichte von der Schuld als inhaltsleerem Ungehorsam (der nur gegen Gottes Forderung, ihm zu gehorchen, verstößt) sagt uns, daß Gott der Name für Normen ist, die wir im Augenblick unserer Menschwerdung geschaffen haben, aber nicht als unsere eigene Schöpfung ertragen können. Wir versenken sie deshalb ins Unerforschliche: Statt als normsetzendes Wesen begreifen wir den Menschen als von unauslöschlicher Schuld belastet.

Die Norm, die wir selbst schaffen, aber als empfangen auf Distanz halten, ist in Wirklichkeit das Geheimnis der ontologischen Differenz, die Wahrheit des Unterschieds zwischen dem Seienden und dem Sein des Seienden, die nur mit dem Menschen entsteht. Dieser Unterschied ist nichts anderes als das Sein-Sollen (andernfalls bliebe uns nur zu sagen: »Gestehen wir es ruhig: Er ist dunkel und nicht einfachhin vollziehbar ...«[9]).

Es geht nicht um ein abwegiges »Sein des Seienden«, das das Seiende verdoppelt und es im Numinosen der Erwartung ungreifbar macht, sondern um das »Sein-Sollen des Seienden«, mit dem der Mensch das Wagnis des Sinns (als Entwurf) in der ansonsten sinnleeren Welt eingeht. Der Ursprung dieses wahrhaftigen »Grundgeschehens«[10] ist jedoch alles andere als ein Heideggersches Rätsel: Eine Folge von Fehlern in der Verdoppelung der DNA eines Affen, die zunächst vielleicht ohne »fatale« Konsequenzen verliefen, hat zur Ausbildung eines ungewöhnlichen Gehirns geführt, das da-sein und sich fragen kann, das in die Notwendigkeit geworfen ist, eine Norm zu wählen, statt seinem Instinkt zu folgen, zu entwerfen als »Entbergen der Ermöglichung« und die Welt »zu bilden« statt »in der Welt zu sein«[11]. Davon wäre nie die Rede gewesen, wenn nicht eine bestimmte Variante der DNA sich durchgesetzt und die Norm und das Fragen hervorgebracht hätte.

Die katholische Kirche hält es also nicht mehr für nötig, auf die Einwände des Skeptizismus und Atheismus gegen die Wahrheit ihres Glaubens einzugehen. Damit hört sie freilich auf, diese Wahrheit (auch) als Wahrheit der Vernunft zu hüten, obwohl sie dies nach wie vor behauptet. Eine derartige Nachlässigkeit kann sich die Kirche jedoch nur deshalb erlauben, weil sich der Durchschnittsmensch heute für den Inhalt jedweder »Überzeugung« oder »Auffassung« und jedweden »Glaubens« nicht mehr zu interessieren scheint, selbst wenn er diesen Glauben praktiziert oder ihn zumindest nutzt. Noch weniger interessiert sich dafür die postmoderne Kultur, denn sie blendet die Moderne in Wirklichkeit aus, sie verdrängt die Aufklärung, verrät die Entzauberung der Welt und vergißt die politische Dimension, um stattdessen die Fähigkeit der Religion, dem Leben einen Sinn zu geben, in den Mittelpunkt der Aufmerksamkeit zu rücken. Es geht darum, dem »Leben Würze« zu geben, statt nach wahrem Wissen zu fragen. Die Religion wird zum Geschmacksverstärker des Sinns in der Brühe der Existenz.

Die Kirche nutzt das herrschende kulturelle und existentielle Klima, um den unbequemen Fragen der skeptischen und atheistischen (und im weiteren Sinne »aufgeklärten«) Denktradition auszuweichen, die sich der Welle der Gedankenlosigkeit entgegenstemmt. Auf diese Weise läßt sie sich jedoch von der Welle treiben, schwimmt mit und versinkt darin. Sie reiht sich ein in einen allgemeinen Horizont, dem nichts anderes gemeinsam ist als der Wille, den immer noch unausweichlichen Fragen der Entzauberung der Welt aus dem Wege zu gehen. Oberflächlich gesehen geht diese Taktik auf, denn sie ist Teil einer triumphalen Rückkehr der Religiosität und des Heiligen (so sehr, daß man sogar von der »Rache Gottes« gesprochen hat). Dabei wird jedoch übersehen, daß diese Wiederauferstehung die tiefen Wundmale einer vagen und unechten Religiosität trägt, die alles vereinnahmt und verdaut, vom astrologischen

Aberglauben über eschatologische Massenselbstmorde, Exorzismus und Satanskulte, Wassermannzeitalter und Geheimnisse der Pyramiden bis hin zu den medialen Triumphen des Papstes und der evangelikalen Predigerstars, ganz zu schweigen vom islamischen Fundamentalismus und den Verfechtern von Bachblüten- oder Pranotherapie zur Rettung der Menschheit. Wir befinden uns mitten auf einem Jahrmarkt des Religiösen, auf dem das Geheimnis des Lebens als Fastfood und mit trostreichen Numinosa garniert feilgeboten wird. Glauben als »Prêt-à-croir« einer Wegwerfreligiosität: heute Buddha, morgen pfingstbewegt und übermorgen Zeuge Jehovas oder Re-Konvertit der heiligen römisch-katholischen Kirche.

Durch diese Verdrängung des Problems der (beweisbaren) Wahrheiten des Glaubens scheint die Kirche von den herrschenden hermeneutischen Denkrichtungen »legitimiert«, die unbequeme (skeptische und atheistische) Fragen verachten. Nicht so sehr bei ihren Antworten (die unterschiedlich bleiben, obwohl sie durchaus kompatibel sind), als vielmehr bei den bestimmenden Fragen gibt es jedoch längst eine tiefgreifende Übereinstimmung. Das Problem der (empirisch-kritisch und rational zu vermittelnden) Wahrheit ist von der »Tagesordnung« gestrichen zugunsten der Frage nach einem (verborgenen und verhüllten) Sinn als einer ursprünglicheren »Wahrheit«. Die Wahrheit ihrer Glaubensinhalte nicht zu bezweifeln, mag oberflächlich gesehen als respektvolle Haltung, als Ehrfurcht und sogar als Würdigung gegenüber der Kirche erscheinen. Auf diese Weise aber behandelt man sie als etwas, was sie nicht ist und nicht sein kann. An welchem Maßstab außer dem von wahr und falsch sollte man eine Religion messen, um sich für sie zu entscheiden und an sie zu glauben? Die Antwort kennen wir: Daran, ob sie sinnstiftend ist, trösten, versöhnen, befreien und erlösen kann.

Worüber aber sollte der Glaube uns hinwegtrösten? Über die Endlichkeit unser Existenz als Sterbliche (daß wir also nicht sind wie Gott)? Oder über den Schmerz und die Ungerechtigkeit innerhalb der Endlichkeit, über ihre unausweichliche

»Grund-« und Sinnlosigkeit? Vielleicht sogar darüber, daß wir niemandem (persönlich) dafür dankbar sein können, wenn wir uns freuen oder auch nur einfach zufrieden in oder mit unserer Existenz sind, weil gerade das »Glück« einen Sinn braucht? Und wenn jemand einen Sinn im Dasein selbst findet, weil er ihn konstruiert, so fragil, partiell und gefährdet er auch immer sein mag? Hat ihm die Religion dann nichts zu sagen und verliert ihren (falschen!) Sinn? So aber wird der Glaube grob relativiert und als Zuflucht für die Armen im Geiste instrumentalisiert. In radikaler Säkularisierung hat Rousseau eine allzu menschliche, utilitaristisch-pragmatische Antwort auf die Frage nach dem Bösen und nach der Sinnlosigkeit der Existenz gegeben. Er holte das Problem auf die Erde zurück, schob den Gott der Theodizee beiseite und machte den Menschen selbst für das Böse verantwortlich, weil er das Eigentum und die soziale Ungerechtigkeit erfunden hat. Das Problem schien sich auf diese Weise durch eine Revolution grundsätzlich lösen zu lassen. Die Revolution ersetzte den einstmals allmächtigen und guten Gott, der in den Widersprüchlichkeiten der Theologie verlorengegangen war. Heute, da die Revolutionen gescheitert sind und vor allem jede Hoffnung in sie, wird der sinnstiftende postmoderne Gott (der sich der Auseinandersetzung um die Wahrheit entzieht) der Ersatz für den Ersatz, und deshalb ein neuer Götzendienst.

Credo quia absurdum

Wenn es beim Glauben nicht um wahr oder falsch geht, sondern um Sinn oder Tröstung, die er dem Dasein spenden kann, wie läßt sich dann die Spreu vom Weizen trennen, wie eine große Religion von erbärmlichem Aberglauben unterscheiden? Warum dann Christentum statt Astrologie wählen, da doch letztere den Massen mehr »Sinn« und »Glauben« spendet, gemessen zumindest an den sprunghaft steigenden Umsatzzahlen dieses Sektors? Das Kriterium der Sinnfindung führt geradewegs zum radikalsten Subjektivismus, zum Glauben als bloßem Balsam für die Seele: Jedem sein religiöses Make-up, das nach Belieben verändert werden kann, Hauptsache, es hat im Moment eine wohltuende Wirkung auf die Haut des Daseins. Eine Religion der Sinnfindung (statt der Wahrheit) ist nicht mehr eine Religion von Menschen, sondern von Konsumenten (von Sinn).

Wenn das Kriterium für eine Religion nur ihr Sinn wäre, das heißt jedweder Sinn, der ohne Rücksicht auf die Wahrheit irgendwie funktioniert, dann hätte Freud recht mit seiner Aussage, die Religion sei eine Illusion, und sogar Marx, der erklärt hat, die Religion sei Opium fürs Volk – oder vielleicht für die Individuen. Der postmoderne »Respekt« würde sich als Würdigung einer Religion herausstellen, die sich ihrer selbst nicht bewußt ist (ins Dunkel des Unbewußten verbannt und deshalb zum Obskurantismus wird!). Je mehr man in Illusionen lebt, desto besser wäre es, denn nur so kann die Illusion wirklich funktionieren. Auf diese Weise könnte der radikalste Nihilismus, den die Kirche jeder Form von moralischem Relativismus vorwirft, um ihn als nicht lebbar zu brandmarken, wirklich ungehindert triumphieren. Eine derartige Religion kann nicht funktionieren. Wer würde eine Illusion akzeptieren, wohlwissend, daß es nichts anderes ist? Um eine Glaubensrichtung zu akzeptieren, muß man sie für wahr halten. Man muß verlangen, daß sie mit den Kategorien wahr/falsch bewertet werden kann, ja deren Kernstück bildet. Die Religion als bloßer »Sinn« bleibt immer vom Scheitern bedroht, denn sie hat weder Fundament noch Verwurzelung, weil sie, wie wir gesehen haben, ihrem Wesen nach substanzlos und wandelbar ist. Sie ist zur Religion erhobene Mode. Und wenn sie auch ebenso oder mehr noch als die Mode von sich reden machen kann, gelingt ihr dies nur in der Konkurrenz zu ihresgleichen.

Jede Religion will Wahrheit sein und kann auf diesen Anspruch nicht verzichten. Sie muß Wahrheit sein. Ansonsten geht auch der »Sinn« verloren. Was die hermeneutische Philosophie zugestehen und von außen theoretisieren kann, kann die Religion in ihrem Inneren nicht akzeptieren. Die Philosophie, die die Religion »anerkennt« und die »veralteten«, »vulgären« Einwände gegen die von der Kirche behauptete Wahrheit der Religion verachtet, betrachtet sie als etwas, was diese selbst unter keinen Umständen annehmen kann. Auf diese Weise wird die Religion nicht gewürdigt, sondern mit Füßen getreten, in einen tiefen Widerstreit mit sich selbst gestoßen, in absolute Verschwommenheit, Unklarheit und Unbewußtheit. Die Religion selbst dagegen, die diese Denkrichtung als ihren bevorzugten Gesprächspartner wählt und einen dialogos mit ihr führt, ist bereit, sich auf das einzulassen, was sie ihrem Wesen nach, wenn sie weiter bestehen will, grundsätzlich ablehnen müßte.

Dies gilt um so mehr, als Sinn und Tröstung nur sinnvoll sind als Befreiung vom irdischen Schmerz im ewigen Leben und nur dann, wenn dies letztere un-zweifel-haft ist. Wenn es vernünftige Gründe gibt, daran zu zweifeln, wird jede irdische Ablenkung, jedes *divertissement*, leichtes Spiel mit dieser Unsicherheit haben. Man kann sich den Lockungen der Welt nur dann verweigern und sein Leben ändern, wenn nach dem irdischen Ende mit Gewißheit ein ewiges Leben folgt, nicht aber, wenn ein begründeter Verdacht besteht, auch die Religion sei ungewiß, sei – wenn auch ein erhabenes – *divertissement*, um sich von den Schrecken der Welt abzulenken. Andernfalls gewinnen die Lockungen der Welt immer die Oberhand, da diese Endlichkeit vorläufig die »Totalität« ist, die der Mensch erfährt. Wenn die Philosophie die Gläubigen deshalb davon überzeugen würde, daß der Wert der Religion in ihrer Sinngebung besteht, könnten sie nicht mehr glauben und damit wäre die Zuversicht verschwunden, deren Sinn die Philosophie deuten will. Wenn umgekehrt die Philosophie ihr »Objekt« nicht verlieren will, dann muß sie den Glauben mit Blick auf seinen Wahrheitsanspruch interpretieren. Ob die Glaubensinhalte einer Religion wahr oder falsch sind, bleibt somit ein grundlegendes Problem. Diese Wahrheiten müssen bewiesen werden, und die Beweislast, die um so schwerer wiegt, als es um die ganze Existenz geht, liegt bei demjenigen, der den Wahrheitsanspruch erhebt.

Als einzigen Ausweg aus diesem Dilemma kann man den Glauben nur als reinen Glauben wählen, der sich radikal jeder rationalen Begründung verweigert. Auf diese Weise entzieht er sich jeder Form des Wissens und der diskursiven Kommunikation. Ein absolut vertikaler, einzigartiger und un-logischer Glaube. Im letzten Jahrhundert hat vielleicht nur Karl Barth dies ernsthaft versucht und einem Glauben das Wort geredet, der der Vernunft im weitesten Sinn nichts zu sagen hat und nicht mit Vernunftgründen argumentiert, um zu überzeugen. Wenn er sich überhaupt mitteilt, tut es der Gläubige in Verhaltensweisen und Gesten und im rigorosen Schweigen des Logos. Die offensichtliche Konsequenz daraus ist, daß Gott – und die »Argumente« des Glaubens – nie und gegen niemanden in einer politischen Auseinandersetzung ins Feld geführt werden kann. Einmal mehr: *Credo quia absurdum*.

Die Versuchung der weltlichen Macht

Merkwürdigerweise erscheint diese Haltung dem heutigen Gläubigen paradox und als Provokation, ihn darauf festlegen zu wollen, obwohl sie die Haltung des Urchristentums ist und auch die einzige, die im Lichte der Vernunft kohärent und haltbar ist. Darüber hinaus ist sie auch von vorneherein gegen jeden Versuch gefeit, Glaubens- zu Machtfragen zu machen, und vermeidet damit Konflikte zwischen Verfechtern ihres Glaubens und Verfechtern ihres Nicht-Glaubens. Dennoch erwarteten Paulus und die Urchristen wirklich das Jüngste Gericht noch zu ihren Lebzeiten und verspürten keinen Drang, die Welt zu erobern. Die Torheit des Wortes vom Kreuz genügte ihnen vollkommen. Merkwürdigerweise würde sie auch heute wieder zufriedenstellen (denn heute ist jedwede Irrationalität willkommen). Für das Urchristentum, das die Glaubenswahrheiten als rational nicht vermittelbar anerkannte, hat die Kirche keinerlei irdische Berufung, sie will nicht obsiegen und ihre moralischen Wahrheiten mit Hilfe der säkularen Macht durchsetzen. Das war eine nüchterne Bestandsaufnahme der Sachlage. Karol Wojtyla hat denn auch tatsächlich nicht behauptet, Abtreibung widerspreche dem Glauben, sei daher eine Sünde und führe auf direktem Weg in die Hölle. Jede von der kirchlichen Haltung abweichende Entscheidung stelle sich vielmehr außerhalb der Demokratie und sei daher illegal. Daraus folgt, daß demokratische Legitimität nur dann eine – für Gläubige und Ungläubige verbindliche – Gesetzgebung besitzt, wenn diese im Einklang mit der katholischen Morallehre steht.

Diese Unfähigkeit der Kirche, ihrer irdischen Macht zu entsagen, und ihr Versuch, wo es irgend geht, den Menschen mit Hilfe der säkularen Gewalt und durch staatliche Gesetze die eigenen moralischen Überzeugungen aufzuzwingen, verstrickt sie in Widersprüche. Sie muß die eigenen Glaubensinhalte als rational wahr, die Argumente ihrer Gegner aber als unwahr widerlegen und sich von der Geradlinigkeit ihrer Anfänge in dem unangreifbaren *credo quia absurdum* verabschieden. Damit verliert sie die einzig überzeugende Antwort auf die Einwände von Skeptizismus, Atheismus und auf die Unmöglichkeit einer empirisch-rationalen Theodizee.

Letztlich ist es somit die (ununterdrückbare?) irdische Berufung der Kirche, die den Dialog mit Ungläubigen und mit der Philosophie vergiftet. Nicht selten wird er von Anfang an mißbraucht und zur gegenseitigen Instrumentalisierung erniedrigt. Jede Auseinandersetzung mit dem Ungläubigen (sofern das Un- nicht bloße Rhetorik bleibt) muß sich als gemeinsamen Horizont streng auf die Endlichkeit beziehen, auch wenn der Gläubige letztendlich diese Grenze transzendieren will. Diese Grenze darf nicht von vorneherein umgangen, nicht entwertet und nicht beseitigt werden. Darin besteht jedoch in den meisten Fällen der Trick, der häufig zur Struktur und Bedingung für den Dialog gemacht wird. Ein präjudizierter Dialog.

Entweder Gott oder das Nichts?

Da die traditionellen »Wege« der Widerlegung von Skeptizismus und Atheismus kaum mehr beschritten werden, greift die existentielle Argumentation gegen Skeptizismus und Atheismus gewöhnlich zur Einschüchterung: Entweder Gott oder das Nichts. Entweder Glaube oder Nihilismus. Entweder die Ewigkeit jenseits des irdischen Lebens, dieser »Sinn«, der den Tod besiegt, oder vollkommene Sinnlosigkeit. Diese Alternativen baut die Kirche freilich vergeblich als letzte und verfehlte Verteidigungslinie auf. Denn es geht nicht um alles oder nichts. Es gibt etwas dazwischen: die Endlichkeit. Sie ist der Kern unserer Existenz, von dem wir auszugehen haben und den wir nie verraten dürfen. Sicher, wir waren »nichts« und werden zu »nichts« werden, aber dieses »Nichts« ist in Wirklichkeit der Name, den wir den Grenzen des Etwas geben, das wir unzweifelhaft sind und das sich selbst Maßstab sein kann. Alles übrige dagegen ist vielleicht nur *wishful thinking,* frommer Wunsch.

Warum Gott oder das Nichts? Wenn überhaupt muß die Alternative lauten: Entweder Gott oder Endlichkeit. Dabei muß die Existenz Gottes mit über jedem Zweifel erhabenen Beweisen belegt werden, denn die Endlichkeit existiert. Die existentielle Einschüchterung dagegen entwertet die Endlichkeit (und damit die Existenz selbst) aus der Sicht einer noch hypothetischen und noch vollständig zu beweisenden Ewigkeit von vorneherein als Nichts. Nur wenn man a priori einen Gott hypostasiert und damit unserem endlichen Dasein einen möglichen Wert und Sinn verweigert, ist die Endlichkeit ein Nichts, so daß nur die Alternative zwischen Gott und dem Nichts bleibt. Außerhalb dieses Apriori kann die Endlichkeit für sich einen Sinn haben, ja das einzige Umfeld sein, in dem wir einen Sinn finden, der nicht Illusion, Flucht, *divertissement* ist.

Auch die Behauptung, der Glaube sei dem Menschen angeboren und gleichzeitig mit dem *homo sapiens* entstanden, der damit von jeher und für immer ein *homo religiosus* wird, ist nur eine Ausflucht. Der »historische« Beweis führt, wenn man ihn ernst nimmt, zum Gegenteil: Denn der Mensch bringt den Atheismus hervor, das ist die definitive »Wahrheit« des *homo sapiens*, während die Religion nichts anderes ist als ein intellektuell angereicherter Restbestand des primitiven Animismus. Um keine Mißverständnisse aufkommen zu lassen: Dieses »historische« Argument wäre ziemlich billig für einen Atheisten, aber die gegenteilige Behauptung – auf die Christen selten verzichten – ist noch viel lächerlicher. Geben wir uns damit zufrieden oder begeistern wir uns dafür: Der Mensch ist von Natur aus nicht nichts und daher auch nicht »religiosus«. Von »Natur« aus ist der Mensch all das, was er war und sein wird und was wir nicht voraussehen können.

Die Orthodoxie stellt an diesem Punkt eine rhetorische Frage: »Wenn der Mensch nicht weiß, woher er kommt und warum er existiert, ist er dann nicht vielleicht ein verfehltes Geschöpf?« Andere werden hinzufügen, man müsse, um den Alltagsdingen im Leben einen Sinn zu geben, zuvor dem Leben als solchem einen Sinn gegeben haben. Aber man kann dem Leben gerade dadurch Sinn geben, daß man den einzelnen Dingen, einem nach dem anderen, einen Sinn gibt. Der Sinn des Lebens kann ganz und gar in dem tagtäglichen Bemühen der Sinngebung liegen, was die Gefahr des Scheiterns einschließt: Es handelt sich also immer um einen Kampf für. Der Mensch weiß in Wirklichkeit genau, woher er kommt. Und er weiß auch warum: Daher weiß er genau, daß es gar nicht um eine wirkliche Suche, sondern um die Beanspruchung von Sinn geht. Somit weiß er auch die Antwort: Kein »darum« beseelt die Welt, sondern einen Sinn des Lebens kann es nur geben, wenn man ihn herstellt.

»Nicht die unendlichen, unerreichbaren Aufgaben, sondern der jeweils gegebene erreichbare Nächste ist das Transzendente.«[12] Diese Worte stammen aus der Feder eines evangelischen Christen. Transzendenz (also Sinn!) liegt schon in der Solidarität und im Kampf um Gerechtigkeit. Und wir fügen hinzu: auch in der Kunst, im Sex und in jeder Form menschlichen und endlichen Entwurfs. Nichts Metaphysisches oder Religiöses ist vonnöten.

Bezeichnenderweise wimmelt es in der Theologie von gewagtesten Widersprüchen. Ist die Schöpfung schon in Gott gewollt? In diesem Falle wäre Gott nicht frei. Aber die Schöpfung entsteht *ex nihilo*. Deshalb muß das Nichts bereits in Gott existieren, um die Freiheit Gottes zu ermöglichen. Was aber wäre das für ein Gott? Und weiter: Gott weiß und will. Die Erlösung (und die Erhöhung, die nicht allen gewährt werden wird) ist demnach ein Versprechen und zugleich eine Vorwegnahme. Wenn aber das Ende tatsächlich vorwegnehmbar wäre, dann wäre die Endlichkeit, dieser Riß in der Ewigkeit, und der Mensch, der sich Gott verweigern konnte und kann, schon immer ein Moment des Ganzen und somit die Hegelsche Dialektik die Wahrheit des Christentums. Für eine Offenbarung, die auch eine Verhüllung ist, wäre kein Platz mehr. Was aber wäre ein Gott, der nicht *absconditus* ist, sondern vollkommen verständlich für den forschenden Menschen und sich darin erschöpfend? Inwiefern wäre dieser Gott noch das vollkommen Andere?

Über das Schweigen muß man den Mund halten

Man könnte fortfahren (wie dies Massimo Cacciari und eine unendliche Reihe von theologisierenden Philosophen getan haben). Doch das unausweichliche Hindernis bleibt immer dasselbe: Das Nicht-Darstellbare ist nicht darzustellen. Das Nicht-Sagbare ist nicht zu sagen. Aber ein Gott muß, wenn man ernsthaft darüber nachdenkt, undarstellbar und unaussprechlich sein. Unfaßbar. Andernfalls wäre er ganz Subjekt unseres Verstehens, darauf zu begrenzen statt die grenzenlose Andersartigkeit zu sein. Kaum gesagt, wird dieser Gott vom Menschen auf menschliches Maß reduziert und dargestellt als etwas, was er nicht ist. Auch dieses Nicht-Sein ist bereits irreführend und unangemessen (und somit ist auch die negative

Theologie nicht auf der Höhe Gottes). Gott, wenn er wirklich Gott ist, kann unter keiner menschlich faßbaren Form »Objekt« des Wissens oder der Kommunikation werden. Über Gott kann man nur schweigen (und schon dies »über Gott« ist zuviel). Und wenigstens über das Schweigen sollte man den Mund halten.

Die Theologie dagegen erlaubt sich jegliche Freiheit. Und behauptet, über das Schweigen etwas zu sagen zu haben. Sie meint, es genüge, das Schweigen in die große Stille zu verwandeln, Mystik und Poesie zu bemühen, das Prinzip der Widerspruchsfreiheit aus dem Weg zu schaffen und sich in Analogieschlüsse zu stürzen. Vergebliche Liebesmüh'. Das ganz Andere, wenn es wirklich ganz und gar anders sein soll, wird durch Analogien nicht einmal entfernt greifbar. Das absolut Andere, wenn es wirklich absolut anders sein soll, kann sich nicht einmal selbst mitteilen. Genauer: Auch wenn es dies könnte, könnten wir niemals etwas davon wissen. Diese unaussprechliche Offenbarung Gottes wäre absolut unkommunizierbar für den, der sie erfahren hätte. Mehr noch: Auch das Subjekt, das eine entsprechende Erfahrung gemacht hätte, könnte sich nicht daran »erinnern«, da es sich andernfalls nicht um die »Erfahrung« des absolut Anderen gehandelt hätte. Diese Selbstmitteilung eines Gottes wäre nur ein Moment, von dem keine Existenz eine Spur bewahren könnte.

Nur Gott ist in der Lage – mit sich selbst –, von Gott zu sprechen. Und auch dies können wir in Wirklichkeit nicht sagen. Wir könnten es auch verneinen. Es könnte ganz anders sein. Über Gott können wir nur schweigen.

Die Theologie-Willigen, die es anscheinend nicht lassen können, können noch einwenden: Mystiker und Dichter sagen das Unsagbare. In Wirklichkeit aber sagen sie nicht das Unsagbare. Und schon gar nicht das Schweigen. Sie drücken Gefühle aus. Menschliche Gefühle, die sie als vollkommen einzigartig erleben und deshalb als übermenschlich darstellen. Und sie versuchen, diese Gefühle durch eine irrationale Sprache, die allein einigermaßen angemessen erscheint, auszudrücken. Doch es bleiben immer menschliche Gefühle. Die Emotion des ganz und gar Anderen dagegen ist in keiner Weise nachfühlbar. Das Mysterium bleibt Mysterium. Unreduzierbare Andersartigkeit. Mehr läßt sich nicht sagen. Jedes Mehr wird, kaum daß es gesagt, also dargestellt ist, bereits zum Götzendienst.

Es hilft also nichts, in Einklang mit Heidegger, dieser letzten Hoffnung der Theologie, vom Fragen zum »Lauschen« überzugehen, vom Wissen zum Warten. Unaussprechliche und unkommunizierbare *Gelassenheit* (über die man also schweigen muß), da das Geheimnis, das heißt die Frage, die weiter offenbleibt, ohne je eine Antwort zu finden, hypostasiert und zum Fetisch und Idol verwandelt wird, sobald man mehr kommunizieren will als die Frage, auf die Schweigen antwortet.

Wenn das Lauschen kommunizierbar wäre, träte es in den Horizont des Wissens zurück, der geschmähten Wahrheit als Darstellung, in den Höllenkreis der Seinsvergessenheit. Wenn überhaupt läßt sich nur die Aufforderung zum Lauschen – oder zur Gelassenheit – als absolut sinn- und inhaltsleer und frei von eventuellen »Ekstasen« kommunizieren. Radikaler und unausweichlicher Solipsismus. Er entspräche genau dem der Mystiker, die vergebens versuchen, das Undarstellbare »darzustellen« das heißt ihre vollkommen einzigartige und unkommunizierbare Erfahrung. Aber dieses Nichts (an Mitteilbarkeit), das sich nicht geschlagen geben will, sondern sich mitzuteilen sucht (sonst gäbe es keine Theologie des Lauschens und keine Philosophie der Gelassenheit), kann sich – legitimerweise, aber hinterrücks –, gerade weil es Nichts ist, mit jedwedem Inhalt füllen, denn es entzieht sich jeder kritischen Kontrolle. Das unkommunizierbare Lauschen kann seine willkürliche Deutung der Zeichen der Zeit mitteilen und als »Anruf des Seins« ausgeben. Heute kann es verkünden, nur ein Gott werde uns retten, gestern war es der Führer eines tausendjährigen Reiches, und morgen kann es irgendein anderes empirisches und durch und durch materielles Idol sein (ein Mensch, eine Idee oder eine Hypostase). Der Phantasie sind keine Grenzen gesetzt, denn dies ist das Wesen des Lauschens, sobald es sich nicht mit vollkommenem Schweigen begnügt. Dieses Schweigen kann nicht zu »Denken« werden, nicht einmal die bloße Aufforderung zum Lauschen. Jenes unumgängliche Schweigen, dem nur Wittgenstein (der vielleicht sogar mystisch gläubig war) als Philosoph treu geblieben ist. Worüber man nichts sagen kann, muß man wirklich schweigen.

Die Wahrheit zwischen Hume und Heidegger

Der Theologe kann noch eine letzte Anstrengung unternehmen und die Heideggersche Kritik an der Vorstellung von Wahrheit als (angemessene) Darstellung zu Ende denken und ihr die einer Wahrheit als Treue (zur Offenbarung) entgegenhalten. Die Offenbarung ist nicht nur eine vollkommen freiwillige Geste Gottes, sondern diese Selbstmitteilung Gottes ist zugleich Quelle von ganz neuer und unableitbarer Erkenntnis. Nicht wir würden somit die Wahrheit kennen, sondern die Differenz beschließt, uns (sofern wir zu lauschen verstehen) die Erkenntnis zu »schenken«. Wahrheit ist dann nicht ein Satz wie: »Der Schnee ist weiß«, wenn der Schnee weiß ist, sondern Wahrheit wird zu einer »Bündnisbeziehung« zwischen Schöpfer und Schöpfung. (B. Forte, a.a.O., S. 153.)

Man könnte allerdings mit nicht einmal böswilliger Naivität (denn behauptet nicht das Christentum von sich, die Religion zu sein, die sich an die Armen im Geiste wendet?) fragen: Wenn die Offenbarung ein freiwilliger Akt der Liebe ist, warum sollte Gott dann den überaus schwierigen Weg der »Arcana«, des Sich-Verbergens und -Offenbarens, der unergründlichen Dunkelheit wählen? Um die Theologen glücklich oder uns alle zu Theologen zu machen? Welchen Sinn hat ein rätselhafter oder magischer Gott? Gehört auch das zur besten aller denkbaren Welten? Darüber hinaus: Ein *deus absconditus* zwingt zu einem Glauben als Wagnis, zu einer tödlichen Wette (die ewiges Leiden für Fehler in der Endlichkeit verspricht). Welchen Sinn hat es, wenn Gott sich wie ein (noch dazu ausgefuchster) Croupier verhält?

Außerdem geht es um die Frage der Wahrheit. Sich auf die Wahrheit als empirisch-wissenschaftlichen Begriff einzuschießen hat sich inzwischen zu einer Art philosophisch-theologischem Massensport entwickelt. Dieser offensichtlich lustvolle Zeitvertreib führt aber nicht notwendig zu einem überlegenen »Denken«, also zur »Wahrheit«. Er basiert zunächst einmal auf einem gezielten Mißverständnis, nämlich der Behauptung, die Naturwissenschaften hätten durch ihre neuesten Erkenntnisse den eigenen Wahrheits- und Gewißheitsanspruch selbst zerstört. Die Wissenschaft selbst gebe in der Relativitätstheorie, der Quantenphysik usw. selbst zu, daß grundlegende Behauptungen der Vergangenheit, die für wahr gehalten wurden, inzwischen »falsifiziert« seien. Aber falsch ist vielmehr, daß beispielsweise das Newtonsche Gesetz durch Einsteins Relativitätstheorie »falsifiziert« wäre. Es bleibt vollkommen wahr und gewiß für die Welt der Körper, die keine ungeheuren Massen und Geschwindigkeiten haben, und ist weiterhin in unserem Sonnensystem gültig, in dem wir leben. Wenn die Gesetze, durch deren Entdeckung sich die Naturwissenschaften ihr Ansehen verdient haben, so vieldeutig wären wie die Interpretation eines Gedichts oder eines historischen Ereignisses, hätten sie gar nicht entstehen können (und auch die Epistemologie ihrer Unsicherheit nicht).

Die Wissenschaft gründet sich auf die Fehlbarkeit, das heißt auf die mögliche Falsifizierung ihrer Hypothesen, die prinzipiell auf experimentellem Wege immer revidierbar bleiben. Wenn dagegen der harte Kern dieser Gesetze widerlegt worden und sie nicht nur in ihrem Geltungsbereich eingeschränkt worden wären, würde niemand von uns mehr ein Flugzeug besteigen oder ein Hochhaus betreten. Die Vorstellung einer »Wissenschaft ohne Wahrheit« ist ein Mythos. Man muß sich nur verständigen: Wenn man als Wahrheit eine Behauptung betrachtet, die auf der ganzen Welt ewige Gültigkeit besitzt, dann sind viele wissenschaftliche Wahrheiten widerlegt worden. Eine derartige Wahrheit wäre jedoch ein Wahrheitsbegriff aus göttlicher Perspektive. Eine metaphysische Wahrheit. Dabei spielt es keine Rolle, daß dieser Begriff am Anfang der modernen Wissenschaften stand (Newton war im übrigen auch Theologe). Die Wissenschaftspraxis hat jedoch gesicherte Wahrheiten hervorgebracht, auch wenn sie nur in begrenztem Rahmen gelten. Die Quantenphysik macht die Gesetze der makroskopischen Realität keineswegs zunichte. Aber sie verweist auf die Plausibilität und vielleicht auch auf die »Notwendigkeit« einer einheitlichen Theorie. Wenn sie die übrigen Gesetze widerlegt hätte, müßte es keineswegs diese große Debatte um die Wissenschaft geben, denn sie hätte diese entscheidende Rolle im Handeln der Menschen überhaupt nicht einnehmen können.

Deshalb wäre es sinnvoll, den Begriff »Wahrheit« genau in dem Sinne der empirischen Wissenschaften als der »sichersten« menschlichen Praxis zu verwenden, bzw. als die am wenigsten unsichere und damit die höchste Stufe menschlicher Gewißheit. Auch diese Wahrheiten mögen nur Deutungen sein, doch sie unterscheiden sich grundsätzlich von denen eines dichterischen Textes oder von historischen Ereignissen, die ihrerseits offensichtlicher und verifizierbarer sind als poetische »Wahrheiten«. Der allgemeine Ausdruck »Interpretation« verwischt den grundlegenden Unterschied einer möglichen und zwingenden intersubjektiven Überprüfung und gibt vollkommen unterschiedliche Arten von Wissen als einander entsprechend aus.

Ganz allgemein: Wenn wir rational miteinander kommunizieren, können wir die Darstellung nicht verlassen. Mit seiner Kritik der Ontotheologie macht Heidegger auf geniale Weise sein Denken gegen jede Kritik immun, die immer im Rahmen des messenden Denkens und der Vorstellung bleibt und deshalb von vornherein diskreditiert ist.

Warum Gott und nicht die Seienden?

Man darf sich jedoch nicht einschüchtern lassen. Die unendlichen theologischen Widersprüche einschließlich des post-
heideggerschen Theologisierens bilden einen gordischen Kno-
ten, der mit einem Schlag zu durchhauen ist. Das Sein als
ontologische Differenz ist nicht der letzte Gott, sondern die
letzte Illusion, die postmetaphysische Zuflucht vor der Entzauberung, ein philosophischer Trick, um der (Angst vor der)
Endlichkeit zu entkommen, um nicht in ihr zu leben und
nicht da-zu-sein.

Die metaphysische Frage ist keineswegs die Grundfrage der
Philosophie, sondern nur die Restauration einer Problemstel-
lung, die sich als unhaltbar erwiesen hat. Seit Hume und noch
mehr seit Kant hatte sie in der Philosophie keinen Platz mehr,
weil man wußte, daß sie rational sinnlos ist.

Warum das Sein und nicht vielmehr das Nichts? Schon diese Frage der Metaphysik zu stellen heißt, vom Standpunkt des
Nichts her zu denken. Es vorauszusetzen. Das Sein als (mögli-
ches) Nichts anzunehmen, obwohl die endliche Existenz der
Fixpunkt ist, ohne den keine Frage einen Sinn hat, sei sie
metaphysisch oder nicht. Die metaphysische Frage muß daher genau deshalb aufgegeben werden, weil es schon immer
irgendeine Frage gibt und deshalb nur das Sein sein kann.
Eine Frage zu stellen heißt bereits, die Sinnlosigkeit der metaphysischen Frage zuzugeben. In Wirklichkeit fragt die metaphysische Frage nicht nach dem Nichts, das sie im Augenblick
der Fragestellung nicht einmal als Hypothese annehmen
kann, sondern ersehnt eine Zusicherung von Sinn oder der
Möglichkeit eines Sinns. Es handelt sich gar nicht um eine
Frage, sondern um eine tröstliche Antwort, die sich als Frage
tarnt, um mögliche unbequeme Antworten auf die Frage nach
dem Sinn vorwegzunehmen und zu neutralisieren. Metaphysik ist Gegengift gegen gefährliche Fragen, Immunisierung gegen Fragen überhaupt. Bitte um Erlösung, Prophylaxe gegen
die Entzauberung der Welt.

Warum Gott und nicht die Seienden? Das ist die Frage, die schmerzhafte, aber notwendige Frage, die von Hume endlich gestellt wurde und eine vollkommen neue Phase der Philosophiegeschichte eingeleitet hat. Sie bildet ein Bollwerk gegen jede restaurative Reaktion zur Überwindung des aufgeklärten Denkens seit Hegel. Wenn dies als »Abweichung« der Philosophie bezeichnet wird, dann scheint man damit die Philosophie zu ermahnen, es bedeutet aber keineswegs, daß die Frage nach dem Mehr des Seins gegenüber jeder Dimension des Seienden in Vergessenheit geriete. Damit wird nicht irgendein Geheimnis verdrängt, das ein Denken im Widerspruch zur wägenden Rationalität wieder zu erwecken hätte. Die Philosophie muß das Mehr des Seins schlicht als ein Sein-Sollen denken, für das sich der Mensch selbst entschieden hat, das eins mit seinem Da-sein ist, und nicht mehr als einen Ersatz für Gott. Nichts anders ist nämlich letztlich die Gelassenheit und das Lauschen.

Man muß nicht befürchten, daß die Philosophie, wenn sie sich nicht mehr mit Gott beschäftigt, nichts mehr zu tun hätte. Es bleibt ihr jedenfalls immer die Aufgabe, alle neo-, post- oder wie auch immer gearteten metaphysischen Versuche, diese Logik des Begehrens, die zum Denken des Unsagbaren drängt, zu kritisieren. Ebenso wie die dialektische oder »nachdenkende« Verwechslung, die die Willkür eines beliebigen Inhalts legitimiert, der unkritisch in die Falten des Seins oder der leeren, weil unaussprechlichen ontologischen Differenz interpoliert wird. Damit kann, wie wir gesehen, jeder einzelne Philosoph seine ganz persönlichen (zuweilen ungeheuerlichen) »Wertvorstellungen« so verkaufen, als habe er sie vom Sein erlauscht.

Auch wenn die Philosophie der Naturwissenschaft definitiv die Herrschaft über die Kenntnis des Seins zuerkennt, bleibt ihr immer noch die Aufgabe, über das Sein, das nichts anderes ist als die Gesamtheit der Seienden, und über das Sein-Sollen, in dem das Da-sein besteht, nachzudenken, das heißt über die einzig verbleibende grundlegende ontologische Differenz, wenn die neo- und post-metaphysischen Rauschzustände ab-geklungen sind. Es bleibt somit das ganze Universum der endlichen Existenz. Das vom Menschen, dem Herrn und Meister der Norm, erschaffene Sein-Sollen, dieses einzige, we-sentliche »Mehr« eines kontingenten (und natürlich sterb-lichen) Seins gegenüber dem Seienden, das Da-sein, das sich aus dem nackten Affen entwickelt.

Gemeinsames Handeln im Namen des Neuen Testaments

Die Philosophie muß daher nüchtern daran festhalten, daß es keinen Gott gibt und die Seele nicht unsterblich ist. Andern-falls wird sie, egal welchen Namen sie sich gibt, zur Theologie. Nur die Endlichkeit ist das Maß der Endlichkeit. Die endliche Existenz muß das Maß aller Dinge sein, da sie unausweichlich der Ort für jeden denkbaren Diskurs, jede denkbare Frage, je-den denkbaren Gedanken ist. Die Vernunft kann nicht nur die Existenz Gottes und die Unsterblichkeit der Seele nicht be-weisen, sondern sie kann auch das Gegenteil beweisen. Wa-rum sollte die wichtigste Realität die verborgenste sein? Sind die unendlichen Widersprüche, in die sich die Theologie ver-wickelt, nicht schon an sich ein Gegenbeweis? Haben nicht Anthropologie, Geschichte und Psychoanalyse bis in alle Ein-zelheiten Wurzeln und Logik der Erscheinungsformen der Re-ligionen erhellt? Haben die Naturwissenschaften nicht das Sein, seine Gesetze und seine Geschichte ohne die »Hypothese Gott« dargelegt? Ist das Leiden (wenigstens der Unschuldigen) nicht der durchschlagendste Beweis dafür, daß es einen güti-gen Gott nicht geben kann?

Auch der, für den dies alles geradezu auf der Hand liegt, könnte jedoch fragen, warum der (vielleicht »veraltete«) Atheis-mus sich so sehr darauf »wirft«, die religiösen Dogmen als un-wahr nachzuweisen. Das könnte sogar einen gewissen Ver-dacht erwecken und vielleicht als Kehrseite einer eigenen, unbezwingbaren Sehnsucht nach Glauben oder sogar als

Symptom (ironischerweise ausgerechnet im Sinne Freuds) eines ungelösten seelischen Unbehagens gedeutet werden. In Wirklichkeit ist die Sache keineswegs so interessant. Denn die Insistenz speist sich ganz einfach aus zwei Motiven: Zum einen setzt sich die Philosophie kritisch für die Wahrheit ein, und wenn sie diese gefunden hat, muß sie auch formulieren: David Hume machte sich noch auf dem Sterbebett darüber Sorgen, ob sein Freund Adam Smith sich um die Veröffentlichung seiner Dialoge über natürliche Religion kümmern würde. Die Philosophie darf mithin weder Gott noch die Endlichkeit fürchten, wobei die Angst vor dem Ersteren häufig die Angst vor der zweiten verdunkelt.

Noch wichtiger aber ist ein weiteres Motiv. Erst wenn der Glaube das atheistische Wesen der Vernunft anerkennt und sich selbst als *Absurdum* begreift – als eine Torheit für die Vernunft –, dann erst wird über bloßes Gespräch und Höflichkeitsfloskeln hinaus gemeinsames Handeln von Gläubigen und Atheisten wirklich möglich, gemeinsames Handeln im Sinne des Evangeliums. Solange die katholische Kirche jedoch ihre Lehre als rational begründbare Wahrheit ausgibt, verfällt sie unweigerlich der Versuchung, ihre Grundsätze auch außerhalb der Kirche durchsetzen zu wollen. Um die im Neuen Testament enthaltenen Wertvorstellungen einer säkularen Gesellschaft vorzuschlagen und nicht durchzupeitschen, was eine Absage an die Heilige Schrift wäre, muß der Christ von der rationalen Wahrheitsbehauptung seines Glaubens Abstand nehmen.

Die Wertvorstellungen der Bibel (»liebe deinen Nächsten wie dich selbst«, »Euer Ja sei ein Ja, euer Nein ein Nein«) können ein authentisches Terrain für einen gemeinsamen Einsatz von Christen und Nichtchristen im Ernst der Existenz sein. Denn für den Menschen der Entzauberung und der Endlichkeit – und das ist der Atheist – zählt vor allem die moralische Entscheidung. Und der, der sie teilt. Ohne Rücksicht auf die Motive, vorausgesetzt, daß die Motive die moralische Haltung nicht negativ beeinflussen und inkohärent machen. Die Aufklärung hat nämlich tatsächlich keine eigene Moral, sondern nur eine Meta-Moral, die uns sagt, jede Moral sei letztlich unbegründbar und verlange unweigerlich eine *erste* Wertentscheidung, die reine Willensentscheidung ist. Sie drängt uns allerdings zur Entscheidung und dazu, kohärent zu sein, wenn Kohärenz zum Kern der gewählten Werte gehört: Entweder für das Du und die Solidarität, das heißt für das Individuum, das einzigartig, aber an Würde gleich ist, oder für die Übergröße des Ich und das Gewicht des Privilegs, das heißt, für das Individuum, das nur am Erfolg bemessen und daher austauschbar ist. Die Entzauberung kann die Entscheidung nicht treffen, denn es würde sich so zum Ersatz eines »moralischen Naturgesetzes« machen und damit einen Rückfall in die Ver-zauberung sein. Die Entscheidung ist jedem einzelnen anheimgegeben. Unter diesem Gesichtspunkt ist auch die von der Entzauberung statt vom Glauben ausgehende Entscheidung nicht durch die Vernunft vorgegeben. Der Mensch ist vielmehr hineingeworfen, so daß sie ebenfalls als »Torheit« erscheinen kann. Entscheidung jedenfalls, genauso wie die Torheit des Glaubens. Und wenn sich das atheistische Individuum für den Primat des Du, für das »solitaire, solidaire« entscheidet, müßte die Begegnung mit dem Christen im gemeinsamen Handeln ganz leicht möglich sein. Solange christlich Evangelium bedeutet, also Torheit für die Vernunft, und nicht Kirche, also Arroganz und ununterdrückbare Versuchung, die eigene Wahrheit den anderen aufzuzwingen.

Dieses gemeinsame Handeln von Christen und Atheisten für gleiche Würde und Gerechtigkeit bedeutet also für den Christen von heute einen Riß zwischen Glauben und Kirche, zwischen Gehorsam gegenüber den Geboten der Bibel und Gehorsam gegenüber der Hierarchie. Der Atheist steht jedoch vor einer viel schwierigeren Aufgabe: Er muß sich der unausweichlichen Tatsache stellen, daß praktizierte Solidarität und der Primat des Du verlangten, sich selbst zu opfern, damit die gleiche Würde nicht nur Rhetorik bleibt. Und dieses Opfer gelingt in der Regel nur dem, der an das Andere im Sinne eines

Gottvaters glaubt. Der Stolperstein für den Christen ist die Versuchung, im Namen eines angeblich moralischen »Naturgesetzes«, das seltsamerweise immer mit den kirchlichen Dogmen übereinstimmt, die eigenen Anschauungen durchdrükken zu wollen. Der Stolperstein für den Atheisten ist die Unfähigkeit zur Nächstenliebe.

Da man darüber sprechen kann, darf man darüber nicht schweigen.

Anmerkungen

1 S. Kierkegaard, *Furcht und Zittern,* in: Ders., *Werkausgabe,* München 1951, Bd. 1, S. 66.
2 Die deutsche Fassung nach: http://www.vatican.va/edocs/DEU0074/_INDEX.HTM
3 I. Kant, *Werke in zwölf Bänden*, hg. v. W. Weischedel, Frankfurt/Main 1977, Bd. 7, Kritik der praktischen Vernunft, S. 256.
4 I. Kant, *Kritik der Urteilskraft*, a. a. O., Bd. 10, S. 439.
5 B. Pascal, *Pascal's Gedanken über die Religion und einige andere Gegenstände,* dt. v. K. A. Blech, Berlin 1840, S. 235f.
6 I. Kant, *Kritik der reinen Vernunft*, a. a. O., Bd. 4, S. 534.
7 Epikur, *Fragm. 374,* zit. b.: Laktanz, *De ira dei*, 13, 20–21; zit. n.: Epikur, *Von der Überwindung der Furcht*, eingeleitet und übersetzt von O. Gigon, Zürich 1949, S. 10.
8 B. Pascal, a. a. O., S. 138.
9 M. Heidegger, *Die Grundbegriffe der Metaphysik. Welt – Endlichkeit – Einsamkeit*, Frankfurt/Main 1983, S. 517.
10 Ebd., S. 507 ff. passim.
11 Ebd., S. 531.
12 D. Bonhoeffer, *Widerstand und Ergebung*, München 1951, S. 205.

Fernando Savater   Die Zehn Gebote im 21. Jahrhundert
Der berühmteste lebende Philosoph Spaniens, Fernando Savater, über-
prüft in einem leicht verständlich geschriebenen, humorvollen und
kenntnisreichen Essay jedes einzelne der Zehn Gebote.
*»Wie immer besticht der Philosoph Fernando Savater auch in den Zehn Gebo-
ten durch seine Fähigkeit, komplexe Sachverhalte verständlich auszudrücken.«*
ABC, Madrid
Aus dem Spanischen von Sabine Giersberg. Gebunden. 160 Seiten

Ulrich K. Preuß   Krieg, Verbrechen, Blasphemie
Gedanken aus dem alten Europa. Mit Überlegungen zum Krieg im Irak
Wie sind die Folgen des 11. September völkerrechtlich zu bewerten, und
was hat der Krieg im Irak damit zu tun? Ist er ein Krieg auf Verdacht oder
ein imperialer Gründungskrieg? In diesem seit Erscheinen kontrovers dis-
kutierten Buch beschreibt Ulrich K. Preuß die Schwierigkeiten der Welt-
gemeinschaft, die neue Dimension von Krieg und Verbrechen zu begreifen und mit ihr umzugehen.
*»Das einzige Buch, das nach dem 11. September die Fragen nach dem Bösen
als konstitutiven Bestandteil unserer Welt nicht verdrängt, sondern ins Auge
faßt.«*   Otto Kallscheuer, DIE ZEIT
WAT 473. 240 Seiten

Norberto Bobbio   Das Zeitalter der Menschenrechte
Ist Toleranz durchsetzbar?
Norberto Bobbios Hauptwerk: Grundlegende Texte über die Menschenrechte, ihre Geschichte, Gegenwart und Zukunft. Wie können Menschen
mit unterschiedlichen Religionen und abweichenden politischen An-
schauungen ohne Furcht zusammenleben?
*»Bobbio, der große alte politische Philosoph Italiens, verkörpert jene seltene Er-
scheinung des Intellektuellen, der mühelos von der Universität auf den Markt-
platz überwechselt, ohne Theorie ins ›Volkstümliche‹ zu wenden.«*
Ingeborg Nordmann, Süddeutsche Zeitung
Deutsche Erstausgabe. Aus dem Italienischen von Ulrich Hausmann
Mit einem Nachwort von Otto Kallscheuer. Gebunden.128 Seiten

Fouad Allam Der Islam in einer globalen Welt

In den Vorstadtvierteln der europäischen Großstädte sind die Immigranten der zweiten und dritten Generation am anfälligsten für die ideologischen Verheißungen der Islamisten. Der algerische Intellektuelle Fouad Allam hat sie besucht und über die Widersprüche, in denen sie leben, ein spannendes und vieldiskutiertes Buch geschrieben.

»Dieser Essay gehört zum Besten der kaum mehr überschaubaren Literatur über dieses elektrisierende Phänomen unserer Zeit.«

Robert Misik, die tageszeitung

Deutsche Erstausgabe. Aus dem Italienischen von Karl Pichler
WAT 490. 208 Seiten

Andrea Camilleri   Italienische Verhältnisse

Erstmals auf deutsch: Andrea Camilleri als feiner Beobachter italienischer Sitten und Zustände.

Ein gerade erst zum »neuen Erzählwunder Italiens« (Focus) Ernannter wird achtzig Jahre alt. Zum Geburtstag stellt Klaus Wagenbach zum erstenmal den politisch eingreifenden Camilleri vor.

»In der Vielfalt und Bandbreite dieser Texte spricht sich ein unabhängiger Geist aus, den man gern in Deutschland nachzüchten würde.«

Andreas Kilb, Frankfurter Allgemeine Zeitung

Originalausgabe. Herausgegeben von Klaus Wagenbach
Aus dem Italienischen von Friederike Hausmann und Moshe Kahn. WAT 524. 144 Seiten

Jonathan Riley-Smith   Wozu heilige Kriege?
Anlässe und Motive der Kreuzzüge

Welche Motive standen hinter den Kreuzzügen? Wer waren die Kreuzfahrer? Ein führender Wissenschaftler stellt die Quintessenz seiner Forschungen vor.

»Seit gut zwei Jahren sind Kreuzzüge in aller Munde. Aber weiß überhaupt jeder, wovon er da redet? Wer jetzt unsicher ist, dem sei dieses lesenswerte Buch empfohlen.«   Süddeutsche Zeitung

Mit einem Nachwort des Autors zur deutschen Ausgabe
Aus dem Englischen von Michael Müller. WAT 480. 192 Seiten

William Montgomery Watt   Kurze Geschichte des Islam

Montgomery Watt sorgt für ein tieferes Verständnis dieser Religion, ohne dabei die problematischen Momente in der Geschichte des Islam außer acht zu lassen. In seiner dichten, klar strukturierten Geschichte des Islam erläutert er die Entstehung des Islam aus dem Nomadentum, seine Bedeutung für die soziale Gemeinschaft und die spätere politische Verbreitung und Verzweigung dieser Religion.

»Wer immer sich zum Islam äußert, sollte zumindest einen Text kennen: William Montgomery Watts Kurze Geschichte des Islam.«   Die Presse

Deutsche Erstausgabe. Aus dem Englischen von Gennaro Ghiradelli. WAT 454. 144 Seiten.

Friederike Hausmann   Garibaldi

Die Geschichte eines Abenteurers, der Italien zur Einheit verhalf

Giuseppe Garibaldi ist bis heute eine der faszinierendsten Gestalten des Risorgimento, der Bewegung für die Einheit Italiens. Die Biographie des Freiheitskämpfers, Abenteurers und Frauenhelden ist zugleich eine Geschichte Italiens im 19. Jahrhundert.

»Ein gut formuliertes und leicht zu lesendes Buch.«

Henning Klüver, DIE ZEIT

Erweiterte Neuausgabe. WAT 335. 200 Seiten mit vielen Abbildungen

Wenn Sie mehr über den Verlag und seine Bücher wissen möchten, schreiben Sie uns eine Postkarte (mit Anschrift und ggf. e-mail). Wir verschicken immer im Herbst die *Zwiebel*, unseren Westentaschenalmanach mit Gesamtverzeichnis, Lesetexten aus unseren neuen Büchern und Photos. *Kostenlos!*

Verlag Klaus Wagenbach   Emser Straße 40/41   10719 Berlin
www.wagenbach.de